꿈꾸는 밥솥

양해기 산문집

꿈꾸는 밥솥

다이얼로그

작가의 말

주전자로 물을 끓여 부어도
뿌리까지 얼어붙었는지 수도는 잘 녹지 않았다

수도 안이 궁금했다
도대체 어디가 얼마나 얼어 있는 것일까
얼음이 가장 싫어하는 불을 어디에 대야 하나

겨울 내내 틈만 나면 수도를 달래고 녹여봤지만 헛일이었다

해마다 앞산 산허리에 쌓여 있던 눈이 녹을 때쯤이 되고 나서야
수도에서 무슨 소리가 들려오기 시작했다

쇳조각 사이를 지나
어딘가로 빠져나가는 바람소리 같기도 했고

병원 긴 복도에 서서 들어야 했던
누군가의 앓는 소리 같기도 했다

그때도

난 더운물을 담은 주전자를 들고 한참을 서 있어야 했다

수도는

녹물을 토해내기 전에 심한 헛구역질을 해댔다

나는 긴 겨울을 보내왔다

녹슨 수도 파이프처럼 길고 좁은 동굴을 지나왔다

나는 내 안에

뭔가 차고 시리고 뻣뻣한 것이 있다는 것을 느낀다

그러나 그것이 언제쯤 녹을지는 잘 모른다

한겨울 얼어붙은 우리 집 수도처럼……

병원 복도에서 들어야 했던 내 어머니의 긴 신음소리처럼……

차례

작가의 말　　04

제1부 행복한 중추절에 대한 정의

11만 2천 2백 원　　12

행복한 중추절에 대한 정의　　15

꿈꾸는 밥솥　　18

보석 물고기　　22

플라타너스 나무　　26

출근길 괄태충　　28

어느 걸인의 정밀검사　　31

여의도 샛강　　34

보육원에서　　36

사촌형이 돌아가셨어요　　40

재숙이 누나　　42

제2부 늙은 거미의 여름

며느리밥풀꽃　　　48

짝사랑에 대한 소묘　　　50

늙은 거미의 여름 1　　　54

늙은 거미의 여름 2　　　63

단풍이 물든 4.19탑　　　71

장미　　　74

화단 밖에 있는 나무들에게　　　90

마음속으로 쓴 답장　　　92

운동회가 끝난 운동장　　　96

가슴속에 내리는 눈　　　100

황홀한 고백　　　102

제3부 노란 물감 띠

할아버지를 붙잡던 손　106

그때 그 아이　109

무상 교과서를 받던 날　114

노란 물감 띠　118

우리 집 개 먹보　125

바보 창성이　130

과자를 훔친 가게　134

절벽 위에 지은 집　138

절벽 아래에 지은 집　142

연탄　148

그리움　152

제4부 왜 저한테만 이렇게 많이 주시는 겁니까

크리스마스에 받은 선물　　156

주운 돈 삼백 원　　160

스탠드바　　162

똥에 대한 생각　　164

땡큐! 미국　　167

왜 저한테만 이렇게 많이 주시는 겁니까　　170

리어카에 실려온 바다　　174

목련꽃　　176

도선사에서　　179

경복궁에서　　182

화려한 휴가　　184

새로 산 운동화　　188

제1부

행복한 중추절에 대한 정의

11만 2천 2백 원

　설날 전날, 서울에서 명절을 쇠기 위해 춘천에 계신 아버지가 오셨습니다. 우리 집엔 이미 동태전 하나를 물고 어린 딸 신영이가 돌아다니고, 아들 수영이도 컴퓨터 게임을 하다 말고 나와서 고구마튀김 하나를 집어들고 들어갑니다. 아버지와 나는, 미리 부친 전과 포, 그리고 부침개로 막걸리를 마시고 있었습니다. 둘이서 마시니까 막걸리 한 통은 금세 바닥이 나고, 난 막걸리 두어 병을 더 사러 슈퍼에 갔습니다. 슈퍼엔 나보다 먼저 온 손님이 있었습니다. 추리닝 차림의 막 자다가 깬 더벅머리…… 사내는 라면 두 개와 소주 두 병을 들고 슈퍼 주인과 실랑이하고 있었습니다.

"글쎄 이제 더 이상 외상은 안 된다니까."
"미안해요! 귀한 손님이 와서……"

난 사내의 뒤에서 사내와 슈퍼 주인이 하는 이야길 아주 조금만 듣고서도 모든 걸 다 상상해낼 수 있었습니다. 명절 전날, 우리 집엔 전과 고기 등등 먹을 것이 수북한데 사내의 집엔 끼니마저 떨어져 라면을 사러 왔구나. 늦게 일어나면 아침, 점심을 안 먹어도 되니까 잠을 자는데, 명절이라 시골에서 어머님이 올라오셨구나……

내가 버스를 타고 중학교에 다닐 때, 운전사 바로 옆엔 뜨거운 난로 같은 커다란 엔진통이 있었지. 자리가 없으면 거기 앉기도 하고, 책가방을 쌓아두기도 했던…… 그 커다란 엔진통 위에 올려져 있던 찢어진 가방을 보는 것처럼, 찢어진 가방 속에 김칫국물이 지도를 그린 교과서들을 보는 것처럼, 가슴이 칼집이 난 듯 저며 오는데, 사내가 간신히 라면과 소주를 외상으로 얻어 가고, 난 사내의 외상 값이 얼만지 물어보았습니다.

11만 2천 2백 원……
11만……

11만……

  막걸리 두 병을 사려다 한 병은 무르고 집에 돌아와서 아버지와 술상에 다시 앉으니, 내 앞에 놓인 젓가락 한 벌이 자꾸 11만 원으로 보이고, 안주로 담긴 고구마의 비스듬한 조각이 그 옛날 버스 엔진통처럼 넓적해 보여서,

  밖에 갔다 왔더니 추워서 그런다며,
  막걸리 반 통을 한꺼번에 다 들이켜고야 말았습니다.

행복한 중추절에 대한 정의

그 옛날 우리에겐 어렵고 가난했던 시절이 있었다. 한 끼를 때우기도 힘들었던 시절, 살림을 하는 여인네들에게 돌아오는 명절과 제사란 원치 않은 혼인 자리에서 사주단자를 받아놓은 일처럼 여간 두렵고 걱정스런 일이 아닐 수 없었을 것이다.

그러나 가뭄이 들어 풀뿌리로 연명하고 살아도 우리네 어머니들은 세 개의 주머니를 차고 있었다. 명절과 제사에 쓰일 음식을 따로 보관하는 것이 그 하나고, 종자용 씨앗을 저장하여둔 주머니가 또 하나며, 식구들이 한 해 동안 먹고 지낼 음식의 곳간이 그 나머지 하나다.

광에 보관한 저장물의 양을 가늠하여 어머니는 한 해를 조절한다. 광주리가 비고, 뒤주로 들어가는 손이 깊어지면, 어머니는 죽을 쑤어 밥상에 올리기도 하고, 풀뿌리를 캐어 끓이는 극약처방을 하기도 한다.

그러던 어느 날 집안 어른이 불시에 방문이라도 하게 되면, 눈물을 삼키며 명절과 제사용 음식을 꺼내야 했을 것이다. 그리고 정작 명절엔, 죽어도 먹지 말아야 할 종자 씨앗에 손을 대야 했을 것이다. 밀봉한 종자 씨앗에 손을 대는 어머니의 손끝은 떨리다 못해 차라리 눈을 감아야 했을 것이다.

그날 이후, 길쌈과 남의 잔치 일을 거들던 어머니의 노동의 강도는 점점 더 고되어졌을 것이다. 마음이 다급해진 조선의 어머니들에게는 밤낮이 따로 없었을 것이다.

오늘 아침 출근하려고 구두를 신는데 물가가 너무 올라서 걱정이라는 아내. 회사에 도착하니 보너스가 너무 적다고 불평하는 직원들. 이천만 원어치 갈비를 맞추고, 나누어줄 명단을 정리하면서, 별 고마움 없이 이를 받아갈 이름과 얼굴들을 떠올리면서, 그 옛날 풀뿌리에 섞어 넣을 한 움큼의 쌀마저도 쥐었다 폈다를 망설였을, 이 땅 조선의 모든 어머니들을 떠올리며, 풀뿌리만도 못한 갈비들을 본다.

우리들 가슴속에 있는 진짜 행복과 진짜 갈비에 대해 생각해본다.

꿈꾸는 밥솥

 토요일 아침, 도서관에 간다고 나오는데, 아내가 밥통을 고쳐놓고 가라고 한다. 결혼할 때 사 가지고 온 압력밥솥. 결혼한 지 십 년째니까 밥통도 우리 가족을 위해 밥을 해준 지 십 년이나 된 거다. 벌써 고무 패킹을 다섯 번, 전기를 감지해주는 스프링을 두 번, 또 이름도 잘 모르는 부품을 갈아주느라 열 번 이상 서비스센터에 다녀왔던 기억이 있다. 여름에 장마 지면 집에 물 샌다는 전화와 겨울에 보일러 얼어 터졌다는 전화와 전기밥솥 고장 났다는 소리가 내겐, 이 세상에서 제일 듣기 싫은 소리 중의 하나다.
 명절도 다가오는데, 밥솥 고장 나면 더 힘들다는 말에 고장 난 밥솥을 싣고 이젠 너무 자주 가서 익숙한 동네의 구석에 위치한 작은 서비스센터로 갔다. 집 안의 형광등 조명 밑에서 볼 땐 잘 몰랐는데 밖에 나가보니, 밥솥 꼴이 말이 아니다. 밥솥의 몰골이 세수도 안 하고 나온 내 형색과 비슷했다. 집도 없이 노숙하며 사는 사람이 누가 쓰레기통 옆에 내다버린 밥솥을 주워온 것 같았다.

밝은 곳에서 보니 칙칙 소리를 내며 돌아가는 압력 꼭지 안의 파인 홈에는 녹이 슬어 있었다. 보온이라고 쓰여 있는 버튼은 비닐과 커버가 떨어져, 숨어 있어야 할 네모난 스위치가 마치 뼈처럼 드러나 있었다.

서비스센터엔 먼저 온 세련된 밥솥들이 어떤 테스트를 받고 있었다. 멀쩡히 밥이 잘 되는데도 더 찰진 밥을 위해 압력 테스트를 하는 것 같았다. 전자 계기판에 불빛들이 주르르 흩어졌다가 모이고 주르르 흩어졌다 모이고 아무 이상 없다는 신호를 보내며, 모아놓은 압력을 한순간에 촤촤 뿜어 올렸다. 보리도 따로 불릴 필요 없이 그냥 안치기만 하면 되고, 국도 찜도 무엇이든 다 된다고, 주인님 안심하시라고 최신형 압력밥솥이 반짝이며 제 주인을 향해 생긋 웃어 보였다.

이제 우리 밥솥 차례가 되었다. 보기에도 좀 부실해 보이는 밥솥이라 몇 마디 해야 다른 부품 안 갈 거 같아서 좀 창피했지만, 이 밥솥은 여러 가지 테스트도 필요 없고 그냥 고무 패킹이나 갈아달라고 했다. 자꾸 김이 새서 밥도 잘 안 되고, 보온도 안 돼서 아침에 찬밥을 먹고 나왔다는 표정을 지어 보였다.

다른 밥통은 무슨 전자 기기로 테스트를 하던 직원이 우리 밥통엔 바로 펜치와 드라이버를 들고 덤벼들었다. 끼익끼익 쇠가 갉히는 소리가 몇 번 나더니 금방 다 되었다고 오천 원을 내고 가란다. 다른 밥통은 서비스센터의 무슨 일지 같은 것에 기록도 하던데 우리 밥통은 그런 것도 안 쓰고 그냥 가란다.

오면서 이런 생각을 해봤다. 살아 있어야 병원에서도 진찰 기록을 남기는데 죽으면 더 이상 기록 관리를 안 하듯 우리 밥통은 기록 관리 대상에서 제외되었다는 슬픈 생각이 들었다. 슬그머니 밥통을 골목의 쓰레기통 옆에 버리고 오고 싶었지만, 그래도 십 년간 밥을 해준 정이란 게 있는데 싶어 밥통의 머리를 쓰다듬으며, "그래, 고생 많았다. 고생 많았어. 언제까지 고쳐 쓸진 몰라도…… 병원비 얼마나 더 들진 몰라도 갈 때까지 같이 한번 가보자"라고 위로를 해주었다.

집에 와서 밥통을 열어보니 다른 건 다 벗겨지고 낡았는데, 고무 패킹만 새것이라서 꼭 노인네가 틀니를 한 것처럼 보였다.

"그 새로 해준 틀니로 생쌀 조근조근 잘게 씹어서 맛있는 밥을 해야 한다."

"다른 밥솥은 국도 끓이고, 찜도 한다지만 넌 태생도 다르고 게다가 늙었으니 밥 하나만 해라. 그래도 너 주인 잘 만난 거 맞지?"

밥솥도 내가 하는 말귀를 알아들었는지, 하루 전날 쌀을 안치고 예약 버튼을 눌러놓으면 어김없이 새벽꿈 곁으로 다가와 나를 태우고는 칙-칙, 칙-칙 행복한 세상을 향해 움직여간다.

보석 물고기

 추석이 얼마 남지 않아서, 아들 수영이와 딸 신영이, 그리고 아내와 함께 제수 물품을 장만하기 위해 동네에 있는 재래시장에 갔습니다. 아내가 장을 보는 동안 아이들은 시장 안을 뛰어다녔고, 난 칸막이도 경계도 없는 술집에서 막걸리 한 통과 소라 한 접시를 시켰습니다. 내 옆엔 허름한 차림의 노동자 네 명이 막걸리를 마시곤 다투고 있었습니다. 나누어 마신 이만 구천 원 술값을 서로 내겠다고 다투고 있었습니다. 그리고 조금 멀리 한쪽 눈을 잃은 사내가 눈에 들어왔습니다.
 내 등 뒤엔 눈알 빠진 참조기와 중국산 조기, 병어와 가자미 그리고 썰어서 비닐봉지에 담아놓은 동태 조각들이 비닐장판 깔린 평상에 놓여 있었습니다.

  어쩌다 여기까지 흘러오게 되었을까
  성한 몸으론 못 오고
  참조기는 눈알이 빠져서야
  동태는 칼집이 나고서야
  가자미는 꼬리가 잘리고서야
  병어는 내장을 빼내고 난 거죽으로만
  이곳에 오게 되었구나

쪼르르 달려오는 신영이의 초롱초롱한 눈망울 속에서 물고기들이 성한 몸인 양 빤짝하고 빛을 냈습니다. 내 앞엔 말라비틀어진 당근 조각과, 단 한 꺼풀만 벗겨놓아서 매운 양파, 오래되어 심지가 박힌 마늘이 소라가 오기 전에 나온 안주의 전부였습니다. 그런데 아까부터 그 사내는 내가 매워하는 것들이 하나도 맵지 않다는 듯, 원래 삶이란 이렇게 매운 것들뿐이라는 듯, 아무렇지도 않게 술잔과 기본 안주를 비웠습니다. 그는 어떤 삶을 살아온 것일까, 어떤 사연이 있었던 것일까를 생각하고 상상해보는데, 한쪽 눈을 잃은 사내가 입을 닦으며 일어섰습니다.
  집에 와서 누워 있는데 눈알이 하나 없는 참조기를 생각하니 가슴이 너무 아팠습니다. 눈이 빠진 자리에 형광등 불빛을 담으려 애쓰던 물고기. 난 한 편의 시를 썼습니다. 병신 물고기란 제목을 버리고, 보석 물고기란 제목을 달아서. 꿈속에서 사내를 다시 만나면, 미안하다고…… 미안하다고…… 나는 성해서 정말 미안하다는 말을 하고 싶어서…….

보석 물고기

　재래식 숭인시장 안에 눈알 빠진 참조기 한 마리가 누워 있다 퀭한 눈으로 남의 제사상에 오르려면 형광등 불빛이라도 좀 담아야 하는가 움푹 파인 눈으로 참조기가 시장 안을 둘러본다 말라비틀어진 당근 조각과 한 꺼풀만 벗겨낸 매운 양파 조각 오래되어 심지 박힌 마늘이 형광등 뒤편 망막에 와 뿌리를 내린다

　지금 비닐장판을 깔고 앉아 막걸리를 마시는 저 사내도 눈이 하나 없다 사내의 가슴속에도 불기둥이 휘몰아치고 있을 것이다 언젠가 사내의 눈을 통해 한꺼번에 엄청난 양의 불기둥이 밀고 들어왔을 것이다 평생을 두고 보아야 할 어떤 것들을 한순간에 보아버린 사내는 몸부림쳤을 것이다 그리고 눈 하나를 버렸을 것이다 매운 고추와 심지 박힌 마늘을 거침없이 찍어 넘기는 저 사내도 이제는 불빛을 두려워하지 않는 뜨거운 사람일 것이다

플라타너스 나무

오늘 출근하는데
플라타너스 나무 이파리들이 떨어져내리더군요.

가지 위에 있을 때는 몰랐었는데
바닥에 떨어진 이파리가 무척이나 크더군요.

가지 위에 있을 때는 몰랐었는데
이파리에 상처가 많더군요.

플라타너스 이파리처럼
어쩌면

내 사랑도
꼭 그와 같을 거란 생각을 해봅니다.

가지에 매달려
서로를 부벼대고 있을 때는
그리움인 줄도 까맣게 몰랐던
이파리 하나가

내 발등 위로
떨어져내리고 있었습니다.

출근길 괄태충

아침에 나오는데 비가 오더군요. 밤새 얼마나 많은 비가 내렸었나요. 출근 시간이 늦어 아무 우산이나 집어 들고 출근을 했답니다. 접이식 우산은 고리가 망가져 있었습니다. 똑딱이 단추로 접었지만 맞아죽은 바퀴벌레처럼 꽁지가 계속해서 뒤로 빠져나왔습니다.

대방역에 도착하니 빗방울이 조금 더 굵어졌더군요. 겨울인데도 오늘은 별로 춥질 않아서 대방역에서부터 회사까지 내리 걸어가기로 했답니다. 출근 시간은 늦었지만, 나는 이런 날씨를 무척 좋아하거든요.

여의교를 건너고 셔틀버스 정거장을 지나서

앙상한 벚꽃 길을 걸어가고 있는데
쓸쓸한 벤치에 나무 이파리 두 개가 몸을 오그리고 있었습니다.

벚꽃 길을 중간쯤 걸어왔는데
어떤 사람이 벤치에서 자고 있었습니다.
밤새 비가 왔었는데……

그 사람의 신발엔 온통 흙이 묻어 있었습니다.
풀린 신발 끈과 바짝 지퍼를 올린 해진 잠바는

이 세상이 얼마나 살기 힘든 곳인가를
치열한 전쟁터인가를 말해주고 있었습니다.

그 남자는 괄태충처럼 몸을 말고 있었습니다.
그 남자가 잠든 벤치 앞엔
베어진 채, 둥치만 남은 나무가 썩어가고 있었습니다.

난 쓰고 있던 우산을 접어야만 했습니다.

나무 이파리처럼 몸을 말고 있던 사내

내 우산처럼

언젠가 그도 활짝 펴질 날이 있었으면 좋겠다는

생각을 하며 출근을 했습니다.

어느 걸인의 정밀검사

　지하철을 타고 출근하는데 어떤 걸인이 구걸을 하고 있었습니다. 여자한테는 좀 무례하게, 남자는 인상을 봐가며 손을 벌리며, 지하철에 탄 사람들에게 구걸을 강요하고 있었습니다. 사람들은 다들 나처럼 눈을 감고 있거나, 또는 가끔 실눈을 뜨고, 그 걸인이 어디쯤 있나, 날 지나쳤나 안 지나쳤나를 보고 있었습니다. 지하철에 탄 사람들 모두가 눈을 감고 있었지만, 그 걸인의 행동을 훤히 보고 있었습니다. 걸인의 다리는 겉으로 보기에는 멀쩡했지만, 한쪽 다리는 구부리지 않고 남은 한쪽 다리를 이용해 한 걸음씩 걸었습니다.
　걸인의 나이는 오십대 초반쯤 되어 보였습니다. 걸인이

불편한 다리를 승객들에게 들이밀며 구걸을 해도, 돈을 주는 사람은 아주 드물었습니다. 마침 수녀복을 입은 삼십대 중반쯤 되는 수녀님이 내 옆에 앉아 있었습니다. 수녀님은 인자한 얼굴에 참 마음씨가 좋아보였습니다. 수녀님을 발견한 걸인의 표정은 금세 화색이 돌고, 눈은 반짝 윤기가 났습니다. 두 사람을 건너뛰어, 그 걸인은 수녀님 앞에 냉큼 다가가선 돈을 달라고 하였습니다. 수녀님이 가방을 열어보더니 잔돈이 없다고 했습니다. 걸인은 알 수 없는 소리를 우물거리며, 계속 손을 벌리고 무릎으론 수녀님의 다리를 밀어댔습니다.

수녀님은 순간 고통스러웠을 겁니다. 하느님을 섬기는 종으로서 이걸 어쩌나 하고 고민하면서도, 표정은 인자한 모습을 잃지 않으려 애쓰고 있었습니다. 그러나 걸인은 수녀님이 기도한 시간보다 세파에 견뎌온 시간이 더 많다는 듯, 한번 해볼 테면 해보자는 식으로, 수녀님의 가방 안을 넘겨다보며, 잔돈이 없으면 큰돈이라도 내놓으라는 인상을 지었습니다. 나는 만 원짜리 한 장을 주며 "돈 여기 있습니다. 수녀님 좀 그만 괴롭히세요"라고 하고 싶었지만, 나도 오늘 집에서 이만 원을 겨우 얻어 나온 터라 지갑만 만지작거리고 있었습니다.

수녀님은 견디기 힘들었는지 벌떡 일어나서 다른 곳으

로 자리를 옮겼고, 그 걸인은 수녀님 바로 옆에 앉아 있던, 내 눈앞에 와선 허리를 굽혀 날 올려다보았습니다. 나를 툭툭 치면서 자는지 안 자는지 검사를 하기 시작했습니다. 다음 역은 대방역이고 내가 내릴 차례인데, 걸인은 다른 데로 가지도 않고 계속해서 정밀검사를 했습니다. 갑자기 날이 추워져 선물로 받은 비싼 목도리를 하고 오는 바람에…… 그런 것 같았습니다.

갑자기 잠에서 깨는 것도 이상하고 해서, 내가 내려야 할 역을 두 정거장이나 더 지나, 걸인이 다른 사람들을 검사하러 가고 난 후에야, 나는 내릴 수가 있었습니다. 지나친 길을 되돌아오는데 "잠든 사람을 깨울 수 있어도, 잠든 척하는 사람은 깨울 수 없다"라는 누군가의 명언이 생각났습니다.

걸인은 참 이상하다고 생각했을지도 모르겠습니다. 흔들리는 지하철 안에서 사람들이 어떻게 그렇게 깊이 잠들 수 있는지에 대해……

여의도 샛강

요즘 여의도 샛강에서는 공사가 한창입니다.

잡풀과 억새들의 군락을 갈아엎고
참새떼의 보금자리를 뒤집고

어른 키 높이만 한 시멘트 관을 파묻고 있습니다.

포클레인이 강바닥의 흙을 긁어내고
흙이 트럭에 실려 어디론가 운반되고 있습니다.

매년 두 차례씩 물이 넘칠 때면

억새들 사이로 물고기들이 돌아다니며
난생 처음 살아서 육지 구경을 하던 곳입니다.

얼마 전, 머리에 수건을 쓴 아주머니들과
줄무늬 잠바를 입은 아저씨들이 들어오셨습니다.

하루 일당쟁이의 낫과 삽

버려진 샛강 둔치를 파헤치면서
그들은 흠칫 놀랐을 겁니다.

버려진 그 둔치의 억센 잡풀 속이
저들 가슴속과 너무도 많이 닮아 있었기 때문입니다.

이제 다시는 물이 넘치지 않을
샛강 둔치

나중에 많이 그리워지면 어떡하죠.

보육원에서

　오늘은 회사에서 가는 사회공헌 활동의 하나로 보육원에 다녀왔습니다. 보육원 입구엔 겨울나무에서 떨어진 이파리들이 부는 바람에 이리저리 흔들리고 있었습니다. 바닥에 나뒹구는 크고 작은 자갈들이 먼지를 뽀얗게 뒤집어쓰고 있었습니다.
　나의 역할은 보육원 아이들과 함께 크리스마스트리를 만드는 것이었습니다. 파랗고 빨간 마음처럼 종을 매달고, 크리스마스트리 밑에 둘 선물을 포장했습니다. 초등학교 3학년과 유치원생인 내 아이들과 비슷한 또래의 아이들을 만났습니다. 아이들과 트리를 만들며 놀다가 마지막으로 아이들과 함께 그림을 그리고 글씨를 썼습니다.

산타할아버지가 들어줄 소원을 써넣는 일이라, 아이들은 아무도 보지 않는 구석에 가서 몰래몰래 자신들만의 소원을 적어 넣었습니다. 아이들이 우르르 어디론가 몰려나가고, 난 아이들이 써놓은 카드들을 조심스럽게 열어보았습니다.

'엄마, 아빠 보고 싶어요.'

'이모, 보고 싶어요.'

아이들이 적어놓은 내용은 온통 누군가가 보고 싶다는 내용뿐이었습니다. 이 보육원은 아이들이 아흔 명이 넘게 있는 곳입니다. 많은 기업체나 사람들의 후원으로 아이들이 많은 사랑을 받고 자라기 때문에, 정상 가정에서 자라나는 여느 아이들과 다름이 없다고 봉사활동을 시작하기 전에 사회복지사가 말을 했었습니다.

여느 아이들과 다를 바 없는 아이들이……
바람에 이리저리 갈피를 잡지 못하는 겨울 이파리들처럼
마음이 쓸쓸했었나 봅니다.

뒹구는 크고 작은 돌들처럼
마음에 먼지가 뽀얗게 앉아 있었나 봅니다.

저 산만한 어린 것들에게도
누군가 보고 싶어
한순간도 떠나지 못한 마음이 있었나 봅니다.

아이들과 만든 크리스마스트리를 들고
시린 겨울의 보육원 마룻바닥을 지나서 세울 곳을 찾아 다녔습니다.

부처님이 말씀하셨습니다.
"부모를 잃은 아이들은 한여름 뙤약볕에 앉아 있는 것"
이라고

지금이 겨울이니까
이렇게 바꾸어도 될 것 같습니다.
"부모가 없는 아이들은 한겨울에 벌거벗은 상태로 있는 것"이라고

집에 와서
우리 집 아이들에게 이런 이야길 해주었더니
다시는 보육원에 가지 말라고 합니다.

그 엄마, 아빠 없는 아이들에게
혹시 아빠를 빼앗길까봐 그러는 모양입니다.

함께 있다는 것이 얼마나 소중한 것인지.

사랑할 대상이 있다는 것이
얼마나 행복한 것인지.

보육원 아이들이 적어둔
크리스마스카드를 몰래 펴 보면서
눈물이 나서,
마음속으로 한참을 울다가

결국 나는 카드에 한 글자도 적어 두질 못하고 왔습니다.

사촌형이 돌아가셨어요

사촌형이 돌아가셨어요.
오늘 일요일 아침 7시 15분……

연락을 받고 난 서울대학병원 영안실로 달려갔어요.

대학병원 영안실,
담벼락엔 담쟁이넝쿨이 병원 담벼락을 기어오르고 있었어요.

한여름 내내 쉬지 않고 기어올랐을 텐데……
결국 담쟁이넝쿨은 병원 담을 넘지 못했어요.

사촌형은 위암 말기였어요.

의사는 사촌형의 배를 가르곤
어둠과 함께 고스란히 그냥 덮어야 했대요.

암 덩어리는 형의 위벽을 타고 오르려 했었나봐요.
형이 끝내 넘어가지 못한 서울대학병원 담벼락

담쟁이넝쿨만 담 밑에 무성히 피어 있었어요.

난 담쟁이넝쿨이
기어오르는 식물일 뿐

담을 넘을 수 없는 식물이란 걸
오늘 처음 알았습니다.

재숙이 누나

　재숙이 누나는 우리 누나의 단짝이었다. 어릴 때 같은 동네에 살았기 때문에 우리는 자주 함께 어울려 놀았다. 재숙이 누나는 멀리서도 눈에 띄었다. 한번 재숙이 누나를 본 사람은 평생 재숙이 누나를 기억할 수 있을 것이다. 그건 재숙이 누나의 신체적 특징 때문이었다. 재숙이 누나의 얼굴에는 큰 점이 있었다.
　얼굴의 반을 가린 점 때문에 재숙이 누나는 철이 들고 나서는 새로운 친구를 사귀지 않았다. 친한 친구들 하고만 놀았다. 친한 친구와 놀아도 고개는 잘 들지 않았다. 재숙이 누나는 말도 잘 하지 않았다. 얼굴을 들지 않아도, 말을 잘 하지 않아도, 재숙이 누나는 잘 어울려 놀았다. 아주 많이 친해지기 전까지 재숙이 누나는 남들에게 절대 먼저 말을 걸지 않았다.

  친해진 사람이 얼굴에 묻은 점을 의식하지 않고, 재숙이 누나를 진짜 재숙이 누나로만 볼 때, 그때부터 재숙이 누나는 그 사람에게 말을 하기 시작했고, 아주 가끔이지만 얼굴을 들기도 했다. 주위 사람들은 재숙이 누나를 점순이, 점박이, 얼룩이, 바둑이라고 놀리곤 했다.

  재숙이 누나는 여고를 졸업하게 되자, 피부과에 가서 점을 뺐다. 어느 날 눈만 빼고 얼굴 전체에 붕대를 한 재숙이 누나가 누나의 엄마와 함께 우리 동네 계단을 올라왔다. 얼마 후 붕대를 풀고 돌아다니는 모습을 보니, 재숙이 누나를 괴롭히던 점은 많이 엷어져 있었다. 점이 완전히 지워지지는 않았지만, 남들이 보기엔 아직도 좀 이상하긴 했지만, 재숙이 누나의 얼굴엔 화색이 돌았고 얼굴도 전처럼 많이 숙이지 않았다. 재숙이 누나는 직장에도 다녔다. 그러다가 어떤 이유인지는 모르지만 곧 직장을 그만두었다.

  재숙이 누나의 점은 삼 개월이 채 되지 않아 눈에 띄게 다시 짙어지기 시작했다. 천에 묻은 얼룩은 쉽게 잘도 지워지는데, 사람에게 묻은 얼룩은 아무리 지우려고 해도 잘 지워지지 않는지 아니 처음부터 제 것인 양 다시 살아나는

지, 젊은 재숙이 누나를 끝없이 따라다녔다.

　어느 날 재숙이 누나는 한복을 차려입고 있었다. 어떤 남자와 같이 걸어가고 있었다. 재숙이 누나는 우리 누나보다 십 년이나 늦게 결혼을 했다. 그리고 재숙이 누나는 임신을 했고, 아이를 낳았다. 재숙이 누나는 아이를 끔찍이도 아꼈다. 재숙이 누나의 남편은 집에 잘 들어오지 않는 것 같았다. 바람이 났다는 소문도 있고, 멀리 배를 타고 나갔다는 소문도 돌았다.
　재숙이 누나는 이혼을 했고, 나이 많은 남자와 재혼을 했다. 그런 재숙이 누나를 오랜만에 동네 식당에서 마주치게 되었다. 재숙이 누나는 나를 기억하지 못하는 것 같았다. 나도 인사를 하지 않았다. 왠지 그게 재숙이 누나를 편하게 하는 것처럼 생각되기도 했다. 재숙이 누나는 대머리가 된 남편과 소주를 마시고 있었다.
　재숙이 누나도 이젠 감수성이 예민한 나이가 한참 지났는지 예전처럼 고개를 숙이지 않고 있었다. 편하게 소주도 마시고 남들처럼 얘기도 잘하고 있었다. 항상 마음속에 그늘이 있던 재숙이 누나, 시장에 갈 때도 큰길로 다니지 않고 골목골목 사람이 잘 안 다니는 곳으로 다니곤 했던 재숙이 누나가 이렇게 편해져 있는 걸 보니, 내 마음도 어떤 짐을 내려놓은 듯 가벼워졌다.

　잠시 후 재숙이 누나가 남편과 삼겹살집을 나가고 나서, 나도 술값을 계산하러 계산대에 갔다. 그런데 주인이 얼굴에 큰 점이 있는 여자가 술값을 내주고 갔다고 하는 게 아닌가. 나는 너무 놀랐다. 어릴 때부터 고개를 들지 않아서, 내 얼굴도 모르고 있을 것 같던 재숙이 누나가, 이렇게 변한 나를 알아보고 술값을 냈다니, 놀랄 일이 아닐 수 없었다.

　어릴 때부터 정면으로 제대로 쳐다본 적이 없었으니까, 내 얼굴을 기억하지 못할 것이란 생각은 나 위주의 잘못된 생각이었다. 고개를 들지 않았지만 재숙이 누나는 나보다 더 많은 것을 보고 있었는지도 모른다. 어쩌면 재숙이 누나는 내가 하는 생각까지 알고 있었는지도 모른다.
　재숙이 누나는 점 때문에 고개를 들지 않았지만, 평생 동안 누나가 만난 온 사람 얼굴 모두를 기억하고 있는 것은 아닌지, 고개를 잘 들지 않아 많이 볼 기회가 없으니까 한 번만 슬쩍 쳐다봐도 마음속으로 사진을 찍어둘 만큼 그 사람을 평생 기억하고 있는 건 아닌지, 아니면 아무리 나이가 들어도 변하지 않는 사람의 진짜 모습을 보고 있었던 것은 아닌지.

재숙이 누나는 반평생 이상을 짙은 그늘에서 살아왔고, 앞으로도 그늘 밑에서 살아갈 수밖에 없겠지만, 그 그늘이 언젠가 삶의 뙤약볕을 막아주는 시원한 그늘이 될 수 있기를 바라본다.

제2부

늙은 거미의 여름

며느리밥풀꽃

 가을 병이 도졌는지, 덕수궁, 서울역사박물관, 경희궁 터, 간송미술관, 서울중앙박물관, 인사동엘 쏘다니다 왔습니다. 아침 8시에 집을 나가서 오후 7시에 들어왔습니다.
 점심은 덕수궁 옆, 내 단골 떡라면집에서 해결하고, 돌아다니며 커피 두 잔을 마셨습니다. 집에 오니 발바닥도 아프고, 배도 고프네요. 이번 주 일요일엔 창경궁에 김밥을 싸서 한 번 더 가려 하고 있습니다.

 나도 가을을 참 좋아합니다.

 가을의 골목길 끝엔

언제나 화장(火葬)을 하는 낙엽이 있었습니다.

경희궁 터 뒤편으로 올라갔는데
며느리밥풀꽃이 군락을 이루고 있었습니다.

십 년 전에 가보고 처음 갔는데
그때 생각이 많이 나더군요.

어떤 여학생이
처음으로 내 어깨에 머리를 기대오던

작은 시멘트 의자가
지금도 갈라지지 않고 그대로 있더군요……

이젠 어느 집
아내나 며느리가 되어 있을
그녀 대신에

의자엔 며느리밥풀꽃이 피어 있었습니다.

짝사랑에 대한 소묘

어린 나이였지만 내 주제를 내가 몰랐던 건 아니었습니다. 내 처지가 아무리 그래도 사람의 마음은 누구나 같았나 봅니다. 무릎과 팔꿈치가 해진 스웨터를 입고 있는 내 눈에도 그 아이는 천사처럼 보였습니다. 우윳빛 피부에 달걀형 얼굴, 그리고 예쁜 옷을 입고 피아노 치던 아이.

한겨울에 실내화가 없어서 발바닥이 시려 종종걸음으로 복도를 뛰어다니던 나에게도, 흡사 거지와 같은 몰골을 가진 나에게도, 그 아이를 처음 본 순간 심장이 멎어 버릴 듯한 두근거림으로 가슴속에 사랑의 감정이 생겨났었나 봅니다.

학교에 다닐 때 집안이 가난하여 준비물을 해간 적이 없었습니다. 그러다보니 거의 매일 학교에서 벌을 서거나 손바닥을 맞거나, 놀림감이 되곤 했습니다. 지금 생각해보면 난 공부를 잘하는 아이였는지 못하는 아이였는지 정말 모르겠습니다. 공부를 잘해볼 기회를 가지지 못했던 것 같습니다. 칠판 옆에서 수업 시간 내내 벌을 서고 있어서 선생님이 무엇을 가르치고 계시는지 몰랐습니다.

미술 준비물이 없는 아이들은 교실 밖으로 쫓겨났습니다. 난 아이들이 무엇을 그리는지, 어릴 때는 어떤 상상을 해야 하는지 배워보질 못했습니다. 준비물을 안 해오는 게 으른 아이라는 시선을 나는 견디고 있었습니다.

그러나 짝사랑하던 그 아이가 우리 반이 되고 나선, 늘 익숙해져 있던 벌서거나 하는 그런 일들이 어린 가슴에도 견딜 수 없이 부끄러웠습니다. 사랑하는 사람 앞에서 선생님은 내 머리채를 쥐고 흔들었습니다. 귀를 잡아 당겼습니다.

내 가슴의 사랑은 뒤로 숨어들어갔습니다. 이젠 용기가 나질 않았습니다. 점점 더 다가갈 수 없는 짝사랑으로, 그 아이를 어쩌다 마주치는 것도 부끄러워졌습니다. 하지만 오히려 난 그게 더 편했습니다.

어린 마음에도 그 아이와 난 너무 어울리지 않는다는 생각이 들었고, 내가 그 아이를 마음속에 품고 있는 것만으로도 죄가 될지 모른다는 생각과, 혹시 남들이 내 마음을 눈치라도 챈다면, 그건 정말 놀림감이 될지도 모를 일이었으니까요.

내가 그 아이에게 바라는 사랑과 내가 느끼는 행복은 점점 소박하고 작아져갔습니다. 그냥 멀리서나마 한 번쯤 그 아이를 바라보는 것만으로도, 내 어린 시절의 꿈과 희망이던 그 아이의 뒷모습만 가지고서도, 난 행복할 수 있었습니다.

어른이 된 지금도 내가 바라는 행복은 아주 작은 편에 속합니다. 어린 시절부터 습관이 되다보니, 아주 작은 걸로도 행복을 느낄 때가 있습니다.

오늘 아침 출근길에 보니, 성북교회 담장에 장미꽃이 활짝 피어 있습니다.

저렇게 붉은 장미꽃을 보면 꽃처럼 눈부셨던, 그래서 제대로 쳐다보지도 못했던 그때 그 아이가 생각납니다.

짝사랑

출근하는데
성북교회 담장 위로 장미꽃이 활짝 피어 있다

언젠가 나도
내 마음의 방 안에
저렇게 붉은 꽃을 피워본 적이 있었다

소년
소녀의 집 담장 안을 기웃거리며

전봇대 뒤에서
새빨간 장미꽃으로 익어본 적이 있었다

늙은 거미의 여름 1

여름방학 때, 학교 도서관에 나가고 있었다. 되지도 않는 영어 공부를 한다고 엉덩이에 땀이 차오르도록 앉아 있었다. 방학이지만 아무데도 가지 못하고 내가 학교 도서관에 나온 이유는 단 한 가지였다.

그때 난 염치 좋게도 나보다 다섯 살이나 어린 싱그러운 여학생을 좋아하고 있었는데, (당시 그녀는 새내기 신입생인 열아홉 살이었다) 혹시 그 여학생이 도서관에 오지 않을까 하는 초조한 기대감이 내가 도서관에 오는 이유의 전부였다.

방학이라고 해도 학생들이 아주 학교에 안 오는 것은 아니었다. 책을 빌리러 도서관에 오거나 아니면 가끔 과사

무실에 아르바이트 자리가 나 있는지 알아보러, 혹은 친했던 친구를 만나기 위해서, 여자들끼리는 서로서로 연락을 미리해서 갑자기 학교에 찾아오는 일이 종종 있었기 때문이다.

내 심정은 거미줄을 쳐놓고 기다리는 거미와 같았다. 난 학교 곳곳에 민감한 거미줄을 걸어놓고 그녀가 나타나기만을 기다리는, 그녀가 내 촉수에 감지되기만을 기다리는, 한 마리의 늙은 거미였다.

지성이면 감천이라고 했던가. 한여름 내내 기다린 보람이 드디어 나타났다. 한 다발의 꽃처럼 환한 웃음을 웃으며, 그녀와 그녀 친구 일당이 학교에 온 것이다. 그녀가 도서관으로 들어오더니, 학교에 온 김에 혹시 아는 사람이라도 있나 하고 도서관을 한 바퀴 휘휘 둘러보고 있는 동안, 왠지 나는 숨이 멎을 것같이 답답해졌다.

난 공부보다는 출입구만 바라보는 사랑에 눈이 멀어버린 거미였기에, 누구보다도 먼저 그녀를 발견할 수 있었다. 그러나 그녀가 내 옆을 지나가자 난 순간적으로 고개를 수그리고 말았다. 정말 나도 모를 일이었다.

그녀가 왔을 때 나를 아주 반갑게 발견해주길 기대하여 좋은 자리를 마다하고 매번 복잡한 통로에 자리를 잡아 왔었는데, 꿈꾸던 일이 갑자기 현실이 되고 보니, 심장이 곧 튀어나갈 듯 점점 세게 뛰기 시작했다. 늘 꿈꾸어오던 것처럼 정말 그녀가 앗! 해기 오빠! 하고 반갑게 말이라도 걸어온다면, 난 어쩌면 몸에 마비가 와서 죽어버릴지도 모른다는 생각이 들었다. 목덜미에 식은땀이 흘렀다. 정신이 아찔해졌다.

다행히 내 마음을 아는지 모르는지 그녀가 내 곁을 그대로 스쳐지나갔다. 마치 중죄를 지은 죄인처럼 고개를 들지 못하는 내가 저주스러웠다. 그러나 그런 다행은 다시 천 길 낭떠러지의 절망감으로 바뀌고 있었다.

인기 있던 그녀를 같은 과 백수건달들이 그냥 둘 리가 없었다. 자판기가 있는 휴게실에서 그녀를 둘러싸고, 오늘 저녁에 생맥주라도 한잔하자고, 방학 땐데 집에서 뭐 하냐고, 같이 영화나 보러가자고, 볼 때마다 점점 예뻐진다며, 그녀를 꼬드기고 있을 게 불을 보듯 뻔한 터, 내 마음은 천 갈래 만 갈래 찢어지고 찢겨져나갔다.

애절한 사랑은 대번에 증오와 복수심으로 바뀌어, 내가 쳐놓은 거미줄을 팽팽하게 잡아당겨 걸려든 먹이의 숨통을 단숨에 조일 듯이, 마음이 한쪽 방향을 향해 달려가고 있었다. 서로 사랑을 나눈 사이가 아니라 그냥 일방적인 짝사랑인데도, 가슴에서 불같은 배신감이 일어날 수 있다는 걸 처음으로 알았다.

지금이라도 화장실 가는 척 휴게실로 나가면서 어색하게 말을 붙여볼까? "어, 지영이 왔구나! 방학인데, 뭐하고 지냈니?" 하고 떨림을 감추고 간신히 말을 꺼낸다고 해도, 그녀와 같은 또래 남자애들이 "에이, 형은 애들 노는 데 좀 빠져주세요" 해버리거나 그녀가 "어, 오빠 안녕하세요?" 하는 아주 의례적인 인사만 하고 시선을 돌려버릴지도 모를 일이었다.

내게 그 뒤의 단어들은 준비되어 있지 않았다. 혹시 준비했다 하더라도, 그 말을 끝마칠 자신이 없었다. 자연스럽게 말을 이어갈 자신이 없었다. 내가 수백 번을 망설이고 망설이는 사이 그녀는 또래 남자아이들에 섞여 학교를 벗어나고 있었다. 내가 쳐놓은 거미줄에 잠시 앉았다가 끈끈이가 말라버린 내 거미줄을 벗어나 한 마리의 나비처럼 나풀나풀 정문 위로 날아가는 그녀를, 도서관 앞 언덕 위에서 난 늙고 시든 해바라기와 함께 지켜보고 있었.

해바라기보다 더 새카맣게 타들어간 얼굴로 가슴으로, 그녀가 가는 곳을 보이지 않을 때까지 오래오래 지켜보고 있었다.

그날 이후, 그 언덕에 있던 해바라기는 시들고 긴긴 방학 동안 거미줄은 바람에 흔들리며 가늘어져갔다.

그녀가 학교에 다시 나타난 것은 시든 해바라기가 있던 자리에 희고 가느다란 종아리의 들국화가 들어차던 날이었다. 무더운 여름방학이 어떻게 지났는지도 모르고 약간 열린 도서관 창문 틈으로 가을바람이 불어오기 시작하던 그런 날이었다.

햇볕을 받아 유난히 머리에 윤기가 흐르던 그녀가, 강의실로 들어왔다. 창포 꽃잎처럼 맑은 모습. 그녀가 지날 때 찬물 냄새가 나는 듯했다. 찰랑거리는 물소리가 나는 것 같기도 했다. 그녀는 분명 내가 가지지 못한 것들을 다 가지고 있었다. 나하고는 정반대편에 있는 사람으로 보였다. 그녀의 모든 것이 다 아름답게만 보였다. 물에 반짝이는 아침햇살처럼 눈부시게만 보였다.

그녀에 비하면 내 모습은 겉늙고 보잘 것 없었으므로, 난 멀리서 그녀를 지켜볼 수밖에 없었다. 그녀가 있는 곳에서 멀지 않은 곳엔 언제나 그녀가 눈치채지 못하게 지켜보고 있는 내가 있었다.

또 하나의 우울하고 시린 겨울방학이 지나고, 나는 드디어 용기를 내어 주소록을 뒤져 그녀에게 편지를 썼다. 당시 잘 나가는 시집을 사서 마음에 와 닿는 구절만을 골라내었다. 그것을 편지에 베끼면서 그녀가 내 마음을 알아주길 얼마나 간절히 바랐던가. 봉인된 편지를 다시 뜯어서 혹시 내 마음이 덜 전달된 건 아닌지, 다시 문구를 점검하다 종이가 조금만 구겨지든지 해도 처음부터 다시 썼다. 그 어느 때도 나는 한 장도 채 되지 않는 편지를 쓰기 위해 이틀 밤을 그렇게 고민해본 적이 없었다.

나는 편지를 쓴 것이 아니었다. 작은 편지봉투 안에 어떻게든 내가 들어갈 방법을 연구했었는지도 모른다. 지금 생각하면 편지를 보낸다는 것 하나만으로도 누군가를 좋아한다는 충분한 이유가 될 텐데, 그 당시엔 그런 판단도 되질 않았다. 머릿속 기능이 정상적으로 작동하질 않았다. 나는 바보가 되어 있었다.

눈길을 걸어 우체국으로 갔다. 가는 길에 우체통이 있었으나, 혹시 편지가 젖을까봐 가슴속에 품고 우체국으로 직접 찾아갔다. 답장이 와야 할 주소가 제대로 적혀 있는지 백번도 넘게 전기고지서 주소와 맞추어보고야 나는 안심할 수 있었다. 편지를 부치고 난 후 매일매일 대문에 매달린 우체통만 뒤적였다.

어느 날 기절초풍할 일이 생겼다. 답장이 도착한 것이었다. 그러나 도착한 그 편지를 보고, 난 너무나 낙담을 해야 했다. 수신자 불명…… 그녀가 읽어야 할 편지가 허망한 메아리가 되어 되돌아온 것이었다. 혼자 술을 마시는 버릇이 그때 생겼다. 그렇게 긴 겨울방학 하나가 외로운 크리스마스를 끼고 지나갔다.

개학을 하면 그래도 그녀를 볼 수 있어 행복했다. 초등학교 때 누군가를 오래 짝사랑한 경험이 많은 도움이 되었다. 멀리서라도 볼 수만 있다면 얼마든지 견딜 수 있었다. 그러나 그녀에게 접근할 기회는 주어지지 않았다. 그녀에게는 마귀할멈 같은 그녀의 친구들이 자석처럼 붙어 다녔다.

어쩌다 그녀가 친구들과 떨어져 있을 때면, 가방을 들어주고 노트를 빌려주는 또래 남자애들이 그 기회를 놓치지 않고 접근했다. 간간이 선배라는 이름이나 엄청난 재력을 이용해 매점에서 그녀 친구들의 환심을 사는 늑대 같은 선배들까지 있었으니…… 난 나의 태생을 원망하고 있었다.

어쩌다 복도에서 마주치면, 그녀는 내게 인사를 했다. "오빠! 안녕하세요?" 하면서 방긋 웃어주었다. 난 속마음과는 정반대로 별로 반갑지 않은 듯, 여느 동생뻘 여학생과 별반 다를 것이 없다는 듯 "어! 그래 반갑다……" 우물우

물 인사를 하는 둥 마는 둥 지나쳤다.

  처음엔 다정한 그녀의 인사에 착각도 많이 했지만, 오래 관찰한 결과 그녀는 누구에게나 친절했다. 그녀는 나를 나이 많은 아저씨…… 그 이상으로는 전혀 생각조차 하지 않는 것 같았다. 그녀와 잠시라도 마주치면 난 바로 화장실에 가서 내 모습을 보곤 했다. 오늘따라 왜 이리 더 늙어 보이나…… 항상 빗지 않은 것처럼 보이는 곱슬머리를 보며 무슨 대책을 세워야겠다는 생각도 했다.

  내 정성 앞에 운명의 여신도 손을 들었는지 기회가 왔다. 학과 회식 때 그녀와 이야기를 할 수 있는 기회가 생긴 것이다. 중간중간 초치는 녀석들이 끼어들고, 초장부터 술을 퍼먹은 녀석들이 갑자기 "지영아 너 내 마음 알지? 내가 너 얼마나 좋아하는지" 하면서 끼어들지 않았으면 더 좋았겠지만……. 그래도 그날 마주앉아서 술 마시며 여러 가지 이야기를 한 계기로, 그녀와 형식적인 인사만 주고받던 관계에서 그래도 만나면 잠시 서서 이야기를 나누는 사이로 눈부신 발전을 할 수가 있었다. 나이 많고 늙어 보이는 좀 이상한 아저씨에서 아저씨 같은 오빠로 눈물겨운 허물을 벗을 수 있었다.

늙은 거미의 여름

그 여름 내내 늙은 거미는
거미줄만 풀어냈다

거미줄 끝자락에서
거미는 눈을 감고 있었다
눈감고 흔들리고 있었다

널어놓은 거미줄에
따가운 햇볕이 내리쬐고
바람이 불어갔다

말을 할까 말까
수없이 고민하고 망설이던
거미

그때마다
거미줄이 부풀어올랐다 가라앉았다

끈끈이가 말라붙어버린
늙은 거미는

까만 점이 되어갔다

늙은 거미의 여름 2

지영이와 약간 친하게 말을 하게 되자, 함께 밥도 먹게 되었다. 지영이는 "오빠, 우리 밥 먹으러 갈 건데 같이 갈래요? 아-이, 같이 가요" 하며 내 팔을 당기곤 했다. 지영이와 과제물 걱정도 함께하고 시험 준비도 같이하면서 차츰 우리는 친해져갔다.

그렇게 2개월이 지난 후, 내 간절한 소망대로 내가 꿈꿔왔던 대로 지영이와 나는 연인 사이가 되어 있었다. 지영이와 나는 2학년 때부터 4학년 졸업할 때까지, 학교에서 유명한 커플 중 한 쌍이 되어 있었다. 그건 나보다 지영이의 인기가 많아서인데, 지영이는 전체 학과 선후배는 물론이고 타과 학생들에게도 인기가 매우 많았다. 지영이는 긴 생머리에 큰 키와 늘씬한 몸매에 작고 귀엽고 예쁜 얼굴을 가지고 있었다. 요즘 말로 '베이글녀'라고 할 수 있을 것이다. 귀엽고 예쁘고 늘씬한 아이가 애교도 많고 착하기까지 하니, 늘 남학생의 표적이 되었다. 지영이는 독실한 천주교 신자이기도 하고 모든 면에서 성실한 아이였다. 아버지는 국가공무원이었고, 시를 쓰시는 분이셨다. 뭐 하나 빠질 것이 없는 아이였는데 다섯 살이나 많은 나와 함께 붙어 다니다보니, 지영이를 이해하지 못하는 학생들도 많았다.

지영이는 정기적으로 받은 용돈을 모두 다 나한테 쏟아붓고 있었기에, 지영이 엄마도 나의 존재를 곧 알게 되었다. 하지만 딸의 바른 가치관과 됨됨이를 믿었기에 지영이의 집에서도 나와 사귀는 것에 대한 반대가 없었다. 딸이 선택한 결정을 존중해주고 있었다. 지영이는 집에 가면 나를 좋은 사람으로 말해주었다. 지영이 어머니는 조만간 날 집으로 초대하겠다고 했다. 나는 지영이를 집 앞까지 자주 데려다주었기에 지영이의 집이 어딘지 알고 있었다. 지영이는 우리 집에 여러 번 놀러왔다. 내 여동생은 반색을 했다. 오빠가 웬일이냐, 횡재했다, 꼭 잡아라, 오빠 만나기에는 아깝다, 하며 지영이가 오면 과일도 깎아주고, 커피도 타주고, 라면도 끓여주는 등 안 하던 행동을 했다.

술 한 방울 못하던 지영이가 나로 인해 맥주를 두 잔이나 마시게 되었고 용돈은 지영이가 나보다 더 많이 쓰고 있었다. 용돈이 부족해진 지영이는 아르바이트를 했고, 그 돈으로 데이트 비용을 충당했다. 지영이가 성격이 착하고 이해심도 많은 아이라 우리는 다툴 일도 거의 없었다. 지영이는 음악을 좋아해서 자기가 듣고 좋은 음악이 있으면 카세트테이프에 담아와 들려주기도 했고, 선물로 주기도 했다. 매년 복학생이 들어오면 다들 지영이에게 호감을 갖고 접근을 했지만, 난 전혀 걱정을 할 필요가 없었다. 지영이의 부모님들처럼 지영이를 알게 되니까, 지영이를 믿게 되었던 것이다. 하지만 순탄하기만 할 것 같은 우리 사이에 금이 가기 시작했다.

졸업이 임박해지고 나는 진로를 고민해야 했고, 지영이는 어려운 공사 시험에 합격을 한 것이다. 지영이는 머리가 좋은 아이였다. 나와 사귀면서 공부는 언제 그렇게 했는지, 그 어려운 시험에 합격을 한 것이다. 열등감을 느낀 나는 이후 지영이를 만나면 옛날과 같이 대하지를 못했다. 취업을 하려고 하니 서류 전형에서 모두 떨어지고, 서류 전형을 통과해도 면접에서 떨어지고, 시험을 봐서 들어가야 하는 직장들의 시험은 얼마나 어렵고, 경쟁률은 또 얼마나 높던지 나는 실의에 빠졌고, 내게 오빠라고 부르는

5살이나 어린 지영이에 대해 열등감도 느꼈던 것이다. 그런 탓에 난 지영이와 만나기로 한 약속, 늘 우리가 만나던 시간 그 장소에 아무런 연락도 없이 나가지 않게 되었다. 한 달 가량 학교에 가지 않았고, 가더라도 지영이가 있을 만한 곳은 피해 다녔다.

그러던 어느 날 학교에서 지영이를 정면으로 마주쳤다. 지영이는 잠깐 얘기 좀 하자고 하며, 커피숍으로 나를 데리고 갔다. 여러 가지 나에 대해 서운한 것들과 원망을 하더니 그만 만나자고 했다. 나도 "그래 그게 좋겠다"라고 하고 그날로 지영이와 헤어지게 되었다.

이후에 난 지영이가 자주 생각났지만, 잊으려고 했고 미워하려 했다. 나와 지영이가 헤어진 것을 알게 되자 주변에서 지영이에게 프러포즈를 시작했다. 여러 소문들이 내 귀에 들어왔다. 하지만 지영이는 그 누구와도 사귀지를 않았다.

졸업 후, 몇 개월이 지난 눈이 내리던 어느 날 지영이에게 전화가 왔다. "오빠 잘 지내죠?" 갑자기 존댓말을 썼다. 예전처럼 내가 편하지 않다는 뜻이다. "으-응 잘 지내. 근데 어디니 너?" "남산도서관에 왔는데, 눈이 내려서 갑자기 옛날 생각이 나서" "으-응 그래, 나도 잘 지내고 있어" 서로 만나자는 말은 안 하고 이런 간단한 대화로 전화를 끊었다.

엄마의 성화에 나는 여러 차례 선을 보고 결국 결혼을 했다. 결혼한 지 1년쯤 되었을 무렵이었다. 지영이에게 전화가 왔다. 여의도에 올 일이 있어서 민숙이와 같이 갈 건데 저녁을 사 달라는 것이었다. 다시 반말을 하면서, 갑자기 옛날에 쓰던 애교 섞인 말을 했다. 민숙이는 학교 다닐 때 지영이와 가장 친한 친구였다. "그, 그래, 와. 와서 전화해" 하며 전화를 끊고 '지영이가 나 결혼한 거 알 텐데? 모르나?' 하는 생각을 했다.

민숙이와 지영이를 만났다. 민숙이는 우리 둘의 관계를 너무 잘 알고 있으니 계속 눈치만 보고 있었다. 지영이는 "오빠! 결혼 생활은 재밌어요?" 하며 웃으며 물었다. 이제 내가 결혼을 했으니, 더 부담도 없고, 아름다운 추억은 추억으로 살면 된다고 생각한 모양이었는지, 예전과는 다른 모습이었다. 민숙이가 잠시 화장실에 간 사이, 지영이는 "오빠! 나 책임도 못 질 거면서 왜 그랬어요? 남자가 책임감이 그렇게 없어서야. 쯔쯔"라고 했다. 나는 얼굴이 화끈거렸다. 아무 말도 할 수 없었다. 학교 다닐 때 둘이 사귀면서 관계를 가질 뻔한 상황이 여러 번 있었지만, 그때마다 한 번은 내가 말리고, 또 한 번은 지영이가 말리고 하는 식으로, 우리는 섹스를 하지 않았으니, 여기서 말하는 책임은 주로 정신적인 책임임을 이미 알고 있기에, 나는 "책임은 무슨 책임?"이라고 말할 수 없었다. 난 "네가 나 찬 거 아니었어?" 이런 말을 하려는데, 민숙이가 돌아와서 말을 못했다. 그 말 빼고는 계속 분위기가 좋았다. 셋이서 밥도 먹고, "너희는 아직 사귀는 사람이 없니? 안 사귀는 거야? 못 사귀는 거야?" 농담도 해가며, 즐거운 시간을 보내고 헤어졌다. 그리고 1년이 흘렀다. 들리는 소문에 지영이가 직장을 그만두었다는 소리가 들렸다.

어느 날 토요일 봄이었다. 그때 우리 회사는 토요일 근무를 오후 1시까지 할 때였다. 퇴근을 하는데, 지영이가 반대편 차선에서 걸어오고 있었다. 눈을 비비고 다시 봐도 분명히 지영이었다. "어, 지영아! 너 이 시간에 여기 웬일이니?" 하면서도 더는 물어볼 수가 없었다. 지영이가 여기에 내가 근무한다는 걸 아는데, 나를 만나러 왔으면 전화를 미리 했을 테고, 약속도 없이 왔다면 가슴 아픈 추억을 곱씹으러 온 것이 틀림없을 테니까. 지영이는 마음이 허전하고, 봄이고 해서 걷다보니 여기까지 왔는데, 하필 퇴근하는 나를 마주치게 된 것이었다. 어쩌면 지영이가 이곳을 수도 없이 배회한 건 아닌지 마음이 아파왔다. 지영이와 마포대교를 걸어서 건넜다. 지영이도 예상치 못하게 나를 만나게 되자 많이 당황한 듯했다. 지영이는 지인한테 남자를 소개받았고, 3개월 뒤 결혼을 한다고 했다. 축하한다고 했고, 넌 애교도 많고 예쁘고 성격도 좋으니까 남자가 많이 좋아해줄 거라고 했다. "그렇게 좋은 면이 많은데, 오빠는 왜? 아니, 아냐, 농담이야"라고 지영이가 애써 웃으며 말했다. 그렇게 지영이와 한 시간 가량을 걷다가 헤어졌다.

그러다가 6개월 뒤 지영이가 혼자 미국으로 떠난다는 소식을 듣게 되었다. "미국? 결혼한다고 했는데, 남편하고 같이 가는 거야? 뭐? 결혼 안 했다고? 너 제대로 알긴 아는 거야?" 하고 후배와 전화를 끊고 민숙이와 연락을 해서, 일부 내용을 듣게 되었다. 지영이가 약혼식과 결혼을 날짜를 잡아놓고, 무슨 일이 있었는지 자세히는 몰라도 파혼을 했다는 것이다. 남자 쪽이 아니라 지영이가 파혼을 했다는 것이다. 가슴이 답답해졌다. '혹시 나 때문은 아니겠지? 설마 그럴 리야 없겠지' 하면서 시간이 흘렀다.

수년이 다시 흐르고 대학 동창들이 모임을 한다고 연락이 왔다. 지영이가 나온다고 했다. 나는 그 모임에는 가지 않고 연락처를 받아서 지영이에게 전화를 걸었다. 나는 잔뜩 술에 취해 있었다. 내부순환도로를 타고 가던 택시 안에서, 지영이와 옛날에 있었던 얘기들을 나누었다. 뭔가 답답해하는 내 마음과 달리 지영이는 차분해져 있었고, 존댓말도 쓰지 않았다. 지영이는 나한테 화나면 존댓말을 썼고, 그렇지 않으면 반말을 했기에 나는 지영이 상태를 알 수 있었다. 횡설수설했지만 통화 내용은 이번 모임에는 못 가지만 다음에는 한번 보자는 것이었다.

  지영이에게 말하지는 않았지만, 지영이와 헤어지고 난 후, 나도 삶의 의욕을 잃어버렸었다. 해서는 안 될 생각을 여러 번 했고, 하룻밤에 소주를 스무 병이나 마신 적도 있었다. 속세와 인연을 끊고, 절에 가려는 생각을 온종일 한 적도 많았다. 지영이는 내가 힘들어 했던 건 잘 모를 것이다. 그리고 내가 그때 자기를 얼마나 좋아했는지도……. 사귀기 전, 지영이가 도서관에서 자리를 비울 때마다 내가 커피와 음료수를 몰래 갖다놓은 것도 모를 것이다. 지영이가 이거 누가 준 거냐고 물었을 때, 주지도 않은 주변 늑대들이 서로 자기가 줬다고 나서는 모습을 내가 멀리서 지켜보던 일들도, 지영이는 모르고 있을 것이다. 글을 쓰며 생각을 정리하다보니, 지영이한테 너무 미안해진다. 내일은 지영이가 행복해지라고 108배를 하러 가야겠다.

단풍이 물든 4.19탑

오늘 4.19탑에 다녀왔습니다.

주변 산에 둘러싸여 기온이 내려갔나요?
4.19 묘역 안의 나무들이 단풍으로 완전히 물들어 있었습니다.

분수엔 푸른 종소리가 흩어지고

연못엔 가을 잉어들이 과자 부스러기를 먹고 있었습니다.

비둘기들도 살이 여물고

사랑하는 상대방을 찾고 있었습니다.

나무 벤치에 누워 하늘을 바라보았습니다.

구름이 사랑하는 사람의 얼굴을 만들고 있었습니다.

눈을 만들고, 코를 만들고, 입을 만들고
장미꽃을 만들었다고 생각하는 순간,

나무 벤치에 누워 그대로 잠이 들었습니다.

꿈속에서 또 꿈을 꾸었습니다.

사랑하는 사람의 허벅지를 베고 있었습니다.

가을이 입을 맞춰왔습니다.

눈뜨고 보니, 난 온통 검붉은 옷을 입고 있었습니다.

단풍 든 나무를 보면
사랑하는 사람이 생각납니다.

단풍나무 아래에 서보면
사랑하는 사람에게로 가고 싶어집니다.

장미

　삶에 별 의미를 두지 못하던 시절, 친구들과 어울려 술집을 전전했다. 학교 앞 싸구려 소주집이나 막걸리집 그리고 동네의 작은 호프집과 선술집처럼 주로 외상이 되는 곳을 골라 다녔다. 어느 날 동네 근처에 새로 생긴 술집이 눈에 들어왔다. 한눈에 보기에도 가격이 저렴해 보이는 싸구려 선술집이었다. 우리는 그 술집을 단골로 삼기로 결정했다. 네 명이 앉을 수 있는 테이블이 세 개밖에 없을 정도로 비좁은 술집이었다. 오십대 초반으로 보이는 술집 주인 여자는 초저녁인데도 눈이 붉게 충혈되어 있었다. 술집에는 우리보다 먼저 온 손님이 있었다. 사십대 후반으로 보이는 사람이었다. 페인트 자국이 묻은 옷차림과 옆자리에

공구가 튀어나온 연장 가방이 놓여 있는 걸로 보아 막일을 하는 사람임을 단번에 알 수 있었다.

　사내의 앞에는 이십대 초반의 아리따운 아가씨가 앉아 있었고, 둘이 함께 소주를 마시고 있었다. 도무지 어울리지 않는 한 쌍이었다. 내 추측엔 그 사내의 딸인데 이성 문제나 학업 문제 또는 집안의 어떤 다른 문제로 부녀가 술을 마시고 있는 듯 보였다. 내가 그렇게 생각할 수밖에 없었던 건, 그 아가씨가 집에서 막 나온 듯한 긴 치마를 편하게 입고 있었기 때문이다. 엄마와 이혼하려는 아버지를 달래다보니 아버지 입장을 들어줘야만 할 테고, 그러다보니 못 마시는 소주도 같이 마셔주고 있는 거라 생각했다.

　그녀는 유난히 흰 종아리와 손목을 가지고 있었다. 바로 옆 테이블에서 주고받는 말소리는 자연스럽게 우리 귀에 들어왔다. 사내는 우리가 술집에 들어가자 약간 긴장하는 듯했다. 아가씨도 우리 쪽을 자주 넘겨다보았다. 나는 가급적 그쪽을 쳐다보지 않으려 노력했지만, 듣기 싫어도 들려오는 대화 내용은 내 예상과는 전혀 다른 내용이었다. 사내는 작은 목소리지만 아가씨에게 수작을 걸고 있었고, 듣기 민망할 정도의 진한 농담을 던지고 있었다. 주인 여자가 사내의 테이블에 소주 한 병을 더 갖다놓으며 그 아가씨에게 뭐라고 말을 하자, 그 아가씨가 알겠다는 듯 고개를 끄덕였다. 난 어쩌면 저 아가씨가 이 술집에 고용된 여자일지도 모른다는 생각이 들었다.

  사내가 계산을 치르며 우리를 곁눈으로 슬쩍 노려보았다. 아주 잠깐이었지만 사내의 얼굴엔 우리를 못마땅해 하는 표정이 역력했다. 사내가 술집을 나가자 그녀는 자연스럽게 우리 테이블에 와 앉았다. 그녀는 우리에게 한 잔씩 소주를 따라주었다. 이런 허름한 술집에 술 따르는 젊고 예쁜 여자가 있다는 것에 우리는 놀랐고 매우 당황스러웠지만, 마주앉은 그녀를 마다할 이유가 없었다. 여기서 일하시느냐고 어색하게 물어보니, 웃으며 고개를 끄덕였다. 이런 선술집에서 일하는 여자답지 않게 얼굴에 구김살이 하나도 없었다. 이름이 뭐냐고 물어보았다. '장미'라고 하는데 그녀의 목소리가 이상했다. 그녀의 말은 매우 알아듣기 힘들었다. 아무리 자세히 들어보려 해도 그녀가 하는 말은 귀에 잘 들어오지 않았다. 그녀는 심한 언어장애가 있었다. 어쩌다 말을 잘 못하게 되었냐고 물어보고 싶었지만 물어보지 않았다. 얼마나 많은 상처와 아픔을 가지고 있는지는 모르지만 이런 선술집, 이런 동네까지 흘러와 뭇 남자들에게 소주나 따르고 있기엔 외모가 너무도 아까운 여자였다. 우리와 나이 차이도 크게 나지 않아 우린 장미를 편하게 친구처럼 대해주었다.

입소문을 타고 이 술집은 곧 유명해졌다. 술집에 찾아오는 손님들끼리 장미를 두고 싸움이 곧잘 벌어졌다. 술집 주인도 문제였다. 주인 여자는 초저녁부터 손님 자리에 앉아 소주를 받아 마셨다. 저녁 10시가 되기도 전에 주인 여자는 가게를 운영하기 힘들 정도로 술에 취해 있곤 했다. 자정이 되면 주인 여자는 손님이 마주앉은 앞에서 코를 골며 졸다가 주방에 딸린 작은 방으로 들어가 잠을 잤다. 주인 여자는 너무 취해 술값 계산도 하지 못할 때가 많았다. 냉장고를 뒤져서 아무 안주나 만들어 손님에게 내밀기도 했다. 손님들도 애초에 안주 따위엔 관심이 없었음으로 상관하지 않았다.

술집 주인은 장미를 보호할 생각도 의무도 가지지 않은 듯, 그저 장미를 이용해 손님을 모을 생각만 하고 있는 듯 보였다. 그렇다고 술집 주인이 돈에 욕심이 많아 보이지도 않았다. 오는 손님과 술을 마시며, 세상 사는 얘기하는 것을 좋아했다. 그러다보니 언제나 손님들보다 먼저 취했고, 우리는 밤 12시가 넘으면 직접 냉장고를 뒤져 안주를 만들어 먹기도 했다. 장미는 자정쯤 주인 여자가 술에 취해 들어가면, 술 취한 취객들에게 무방비 상태로 노출되었다. 아침에 술집을 지나다보면 간밤에 무슨 일이 있었는지 술집 유리창이 깨져 있는 날이 많았다. 그때마다 나는 장미를 두고 남자들 사이에서 큰 싸움이 일어났을 것이란 짐작을 했고, 혹시 장미가 다치지는 않았을까 하는 걱정을 하기도 했다.

나와 내 친구도 술집에 드나드는 횟수가 늘어났다. 친구 녀석이 장미를 좋아했다. 사실 속으로 나도 장미를 좋아했지만, 친구 녀석이 먼저 내게 고백을 하는 바람에 나는 기회를 잃고 말았다. 예쁜 얼굴과 늘씬한 몸매에 하얀 피부를 가진 장미를 싫어할 남자는 이 세상에 아무도 없을 것이다. 장미에게 심한 언어장애만 없었다면, 패션모델이라고 해도 믿었을 것이다. 그런 장미를 생각하면 언제나 나는 마음이 아팠다.

나의 제의로 장미가 쉬는 날, 장미와 친구 녀석 그리고 나, 이렇게 셋이 학교 축제에 가게 되었다. 축제에서도 그녀는 눈에 띄게 화사했다. 누구보다 예쁘고 아름다웠다. 어깨까지 찰랑거리며 내려오는 윤기 넘치는 머릿결과 햇빛을 받은 피부가 어린 아기처럼 뽀얗게 고왔다. 그녀의 볼은 아기 볼처럼 푸른 실핏줄이 드러나 있었다. 또한 그녀는 활처럼 휜 몸매에 큰 가슴을 가지고 있었고, 희고 가느다란 종아리를 가지고 있었다. 분홍색 바탕에 허리로 올라오는 옅은 하늘색이 배합된 긴 치마가 좀 촌스러워 보였지만 그녀의 타고난 미모는 그것조차도 세련되고 아름다워 보이게 했다.

게다가 그녀는 부모에게 돈을 타서 학교에 다니는 또래 여학생들에 비해, 육체적이나 정신적으로 훨씬 어른스러웠다. 우리는 그녀와 축제에서 소주를 마셨다. 그녀가 일하는 선술집에서 자주 소주를 마시던 사이고, 어떤 농담이나 음담패설도 다 받아주는 여자라는 걸 알고 있어서 그런지, 우린 오래된 친구처럼 아주 편하게 술을 마셨다. 왜 진작 이렇게 밖에서 만날 생각을 하지 않았을까 하는 생각이 들었다. 그녀와 술을 마시며 처음으로 그녀가 살아온 이야기를 들을 수 있게 되었다.

그녀는 부모의 존재를 몰랐다. 그녀가 어릴 때 아버지가 어찌어찌해서 죽었다는 소리를 남을 통해 들었고, 엄마는 핏덩이를 맡겨놓고 어디론가 가버렸다고 했다. 그녀는 큰집에 얹혀살았고, 아무도 그녀를 돌보지 않았다. 장미는 초등학교 4학년 때 큰집에서 쫓겨나면서부터 학교를 못 다니게 되었다고 했다.

그녀는 초등학교 4학년이던 열한 살 때, 동네 인근의 자갈밭에서 재갈을 물린 채 동네 어른한테 강제로 성폭행을 당했다고 했다. 짓누르는 힘에 차가운 돌들이 여린 허리와 척추를 파고들었다고 했다. 무서운 고통과 비명 속에서 그만 혀가 잘못 물렸고, 그녀는 정신을 잃었다고 했다. 혀의 신경이 끊어졌는지 아니면 정신적 충격 탓인지, 그 날 이후 그녀는 말을 잘하지 못하게 되었다고 했다. 누가 퍼트렸는지 성추행 소문이 온 동네에 퍼져 큰집에서 쫓겨나게 되었고, 그때부터 어른들의 손에 이끌려 여기저기로 팔려 다녔다고 한다.

그녀는 다방에도 팔려갔고, 섬에도 팔려갔고, 사창가에도 팔려갔다가, 지금 일하는 이곳 미아리 술집까지 오게 되었다고 했다. 사는 게 너무 힘들어 깨진 병으로 몇 번이나 손목을 그었고, 약을 먹었다고 한다. 그녀의 가늘고 흰 손목 안쪽엔 길게 그어진 상처가 여러 개 있었다. 잠시 침묵이 흘렀다. 내가 화제를 돌리기 위해 돈은 많이 벌었냐고 물었더니, 벌어놓은 돈이 하나도 없다고 했다. 오늘 놀러간다고 했더니 잘 놀다 오라고 이모가 이만 원을 줬다고 했다. 그녀는 술집 주인을 이모라고 부르고 있었다. 지금 있는 술집도 월급은 따로 없고, 재워주고 먹여주고, 어쩌다 이모와 함께 목욕탕에 가는 게 전부라고 했다. 자기는 돈이 필요 없다고 했다.

술 마시며 이런저런 이야기를 하다가 밤이 깊었다. 친구는 그녀를 데리고 여인숙으로 들어가려 했다. 그녀는 누구에게나 늘 그래왔다는 듯이 아무런 망설임도 없이 순순히 따라나섰다. 그럼 나는 이만 집에 가겠다고 하자, 말을 더듬으면서 장미는 나에게 함께 들어가자며, 내 손을 잡아끌었다. 그러나 그럴 수는 없는 일이었다. 여인숙 문 앞에서 장미는 안타까운 눈으로 멀어지는 내 뒷모습을 바라보고 있었다. 집에 오면서 왜 내가 진작 먼저 장미를 좋아한다고 말하지 않았을까 하는 후회를 했다. 여인숙에 들어가는 장미와 친구 녀석에게 불같은 질투도 일었지만, 장미의 아픈 과거를 들었던 탓인지 곧 가라앉았다. 여인숙에 따라가는 장미가 이상하게 더럽거나 천박해 보이지 않았다. 아름답고, 가엾고, 성스러워 보였다. 집에 오는 동안 내 눈에서 눈물이 그치지 않고 흘러내렸다.

장미와 하룻밤을 보낸 친구 녀석은 장미에게 점점 더 깊이 빠져들어갔다. 장미가 벙어리라도 좋고, 바보라도 좋다고 했다. 결혼을 하겠다고 했다. 친구는 장미를 보기위해 나와 거의 매일 술집을 찾았다. 그러나 소문이 난 술집은 아무리 일찍 가도 자리가 없었다. 용케 자리를 잡아도, 장미는 먼저 온 손님과 마주앉아 있는 일이 잦았다. 우리를 보고도 장미는 손님과 함께 있는 자리를 쉽게 털고 일어나지 못했다. 그러면 결국 시비가 붙어 칼부림까지 가는 큰 싸움으로 번진 경우를 많이 보아왔기 때문인지도 몰랐다. 장미는 우리가 바로 옆 테이블에 앉아 있어도, 먼저 온 손님이 하자는 대로 다 받아주었다. 술이 취하면 남자들은 다 똑같은 행동을 했다. 누가 보건 말건 장미의 가슴을 만지고 치마 속에 손을 넣었다. 그 모습을 본 친구는 장미에게 크게 실망하면서도 그녀에게 더 집착하며 괴로워했다. 장미는 친구가 괴로워하는 이유를 잘 이해하지 못하는 듯했다. 부모와 친척들도 자신을 버렸고, 세상 남자들은 자신을 욕망 해소의 도구로 이용했다. 자신에게 욕망을 느끼고, 그 욕망을 채운 사람이 떠나는 걸 수없이 보아온 장미는, 자신에게 계속 애증의 감정을 가지고 있는 친구를 잘 이해하지 못하는 것 같았다. 아니 어쩌면 그 애증이란 것도 다시 한 번 같이 잠을 자주면 사라지는 신기루 같은 것이라고, 장미는 생각하고 있었는지도 모른다.

　누구나 받아들이는 장미로 인해 장미와 가까워질 수 있었고 행복할 수 있었다면, 이제 친구는 누구나 받아들이는 장미 때문에 괴로워하고 있었다. 장미를 데리고 어디로 도망이라도 갈까를 고민하던 친구는 어느 날부터 그 술집에 발걸음을 끊었다. 그녀가 끔찍한 과거를 가지고 있고, 배운 것도 없는데다가 반벙어리이고, 섹스 외에는 아무것도 할 수 있는 것이 없고, 아무에게나 몸을 열어주는 여자고, 굳이 같이 도망가 살지 않아도 언제든 술집에만 가면 원하는 대로 다 할 수 있는 여자라는 생각을 했는지는 모르지만, 친구는 두 번 다시 그 술집에 가지 않았다. 그리고 나도 자연스럽게 술집에 가지 않게 되었다. 테이블이 세 개밖에 없는 술집에서 초저녁부터 새벽까지 혼자 자리를 차지하고 앉아 있을 용기도 없었고, 그녀가 뭇 사내들에게 희롱당하고 있는 모습을 지켜보는 일도 견디기 힘들었기 때문이었다. 술집에 가지는 않았지만, 나는 그 술집 앞을 지나칠 때면 유리창을 가장 먼저 보았다. 유리창이 깨져 있지 않으면 마음이 놓였지만, 유리창이 깨져 있으면 마음이 덜컥거려서 그날은 아무것도 손에 잡히지 않았다.

어느 날 낮에 동네 골목길에서 그녀와 우연히 마주치게 되었다. 장미는 우리 집에서 아주 가까운 곳에서 술집 주인 여자와 함께 월세를 살고 있었다. 장미는 낮에 주로 잠을 자기 때문에, 우리가 대낮에 길에서 마주칠 일은 거의 없었다. 나는 그녀가 보고 싶었고 반가웠지만, 내색하지 않았다. 장미는 마치 친한 친구를 만난 듯 반갑다는 웃음과 함께 왜 요즘은 놀러오지 않느냐는 표정을 지어 보였다. 여기서 뭐하고 있느냐고 했더니, 이모가 시장엘 갔는데 잠시 집 밖에 나왔다가 그만 문이 잠겼다고 했다. 직각으로 세워진 철대문과 위에 송곳 같은 꼬챙이가 달린 대문은 나도 넘을 수가 없었다. 갈 곳 없는 그녀를 두고 그냥 집에 갈 수는 없었다. 아니 장미를 길에 그냥 두었다가는 무슨 일이 벌어질지도 모른다는 생각이 들었다. 동네에서 얼굴도 알려져 있었고, 누구라도 그녀에게 어디를 가자고 한다면, 그녀는 그 길로 따라나설 수 있는 여자였다. 장미는 아무 걸림이 없는 여자였다. 사랑도 애증도 분노도 감정도 없이 살아가는 그런 여자였다. 그래서 팔이 없는 장애인이나 눈이 없는 애꾸도, 장미는 몸을 열고 받아들였다. 장미는 세상 누구를 만나든 상관없고, 어떤 일이든 하자는 대로 할 여자였다. 같이 죽자고 하면, 어쩌면 같이 죽어줄 수도 있는 여자였다.

  나는 주인 여자가 시장에서 돌아오기 전까지 장미를 우리 집에 있게 했다. 우리 집엔 아무도 없었다. 11월 중순이라 담요를 덮고 그녀와 마주앉았다. 담요 위엔 커다란 장미꽃이 그려져 있었는데 오래된 담요의 장미 그림은 색이 바랜 채 드문드문 지워져 있었다. 그녀는 흰 블라우스를 입고 있었고, 큰 가슴 때문에 단추가 반쯤 열리려 하고 있었다. 솔직히 말해 장미를 우리 집에 데리고 오는 그 순간부터, 나는 내 욕망과 싸우고 있었다. 나 역시 내가 위험하다고 생각하는 남자들 중 하나에 지나지 않았다. 위험에서 벗어나게 해준다는 구실로, 내 욕망을 채울 생각을 처음부터 하고 있던 것이다. 방에 들어서면서 키스를 할까 하고 생각했지만 순간, 그녀가 말을 잘하지 못하는 점과 혀가 깨물린 것들이 왠지 꺼림칙하게 생각되어 하지 말아야겠다는 생각을 했다. 장미와 관계를 가졌을 다른 남자들도 모두 다 나와 같은 생각을 했을지도 모른다.

함부로 해도 아무런 반항을 하지 않을 그녀, 살아 있지만 자위용 밀랍인형과 다름이 없는, 그녀가 내 앞에 있었다. 전쟁 중 적진에서 아리따운 적국의 처녀를 아무도 없는 곳에서 마주친 것처럼, 묘한 흥분과 긴장과 본능이 가슴속을 들락거렸다. 내 얼굴은 시뻘겋게 달아올랐고, 그녀의 가슴에 손을 갖다 대었다. 그녀는 내 행동에 약간 당황한 듯 몸을 움찔했다. 나는 술집에 다니면서도 한 번도 그녀를 만지려 하지 않았고, 짓궂은 농담도 하지 않았었다. 그냥 여자 친구처럼 편한 사이로만 대했기에, 그녀는 지금 내가 하는 이 의외의 돌발 행동에 잠시 놀란 것 같았다. 장미는 잠시 머뭇거렸고 무슨 생각을 하는 듯 했지만, 곧 누구한테나 늘 그래왔듯이 순순히 가슴을 맡겨왔다.

열린 그녀의 가슴은 잘 익은 복숭아 같았고, 뺨에 있던 푸른 실핏줄이 잘 익은 복숭아 위에도 실지렁이처럼 무수히 지나가고 있었다. 해사한 얼굴과 탐스런 가슴을 가진 그녀는 선녀처럼 아름다워 보였다. 마음 한쪽이 다시 시렸다. 지금처럼 말을 하지 않고, 내면의 상처를 감출 수만 있다면, 그녀는 누가 말을 붙이기도 힘들만큼 아름다웠다. 장미는 가슴을 열어주고, 자신의 모든 것을 내게 맡겨왔다. 조금 얌전한 척 지금까지 내숭을 떨고 있었지만, '너도 결국 그렇고 그런 남자들 중 한 사람이었구나' 하고 생각했는지도 모른다.

내 손이 장미의 치마를 걷어 올리려 하는 순간, 갑자기 장미가 내 손을 붙들었다. 그만하라고 했다. 나는 장미처럼 말을 더듬거리며 왜 그러냐고 물었다. 그냥 왠지 나한테만큼은 허락하고 싶지 않다고 했다. 장미는 어느새 슬픈 눈빛으로 변해 있었다. 어떤 알갱이들이 눈 안에서 반짝거리고 있었다. 축제 때 여인숙 앞에서 나 혼자 쓸쓸하게 뒤돌아오던 날, 뒤에서 나를 오래 바라보고 있던 그때의 눈빛과 닮아 있었다.

장미와 나 사이에 어색한 시간이 흘렀다. 장미는 손을 뻗어 내 머리칼을 가볍게 흔들었다가 쓰다듬어주었다. 마치 친누나 같았다. 그렇게 심하게 더듬던 말도 더듬지를 않았다. 함부로 해도 되는 밀랍인형이 갑자기 눈을 뜨며 사람으로 바뀌어버린 듯했다. 나는 수치심에 더 이상 장미를 마주 쳐다볼 수가 없었다. 장미는 내 무릎을 당겨 베고 누웠다. 그리고 눈을 감더니 더듬어 내 손을 잡아 꼭 쥐었다. 어린아이처럼 금세 잠이 든 장미를 보자 그녀를 어떻게 해보겠다는 생각이 사라졌다. 그녀가 친여동생 같다는 생각이 들었다. 잠시 후 그녀를 집에 데려다주었다. 주인 여자가 시장을 보고 돌아와 있었다. 그리고 나는 다시는 그 술집에 갈 수가 없었다.

  술집은 육 개월을 넘기지 못하고 동네에서 쫓겨났다. 풍기가 문란하다는 것과 매일 밤 남자들이 불여우 한 마리를 두고 싸움을 한다는 것이 이유였다. 이상한 술집에서 이상한 짓을 한다는 소문도 났고, 남자들이 술집에서 하루 일당을 다 털리고 온다는 근거 없는 소문도 났다. 어느 날 보니 술집은 이사를 갔다. 언제 갔는지도 모르게 이사를 갔지만 술집 앞을 지나칠 때마다 장미가 생각났다. 그때 내가 왜 그랬을까 후회가 됐다. 장미의 서글픈 눈빛이 떠올라 가슴을 계속 아리게 했다.
  몇 개월 후 술집 주인 여자를 우연히 길에서 만났다. 술집 주인은 저 아래 학교 옆에 다시 가게를 냈으니 그전처럼 자주 들르라고 했다. 그곳은 주택과는 조금 떨어진 곳이었다. 초등학교 옆이라 법적으로 유흥 음식점이 생길 수 없는 곳이었지만, 그 술집은 외관상 술집으로 보이기보다는 허름한 국밥집으로 보였다. 나는 술집 주인에게 그녀의 소식을 물어보지 못했다.

며칠이 지나지 않아 나는 잔뜩 술에 취해, 그 술집을 찾아가게 되었다. 술집 주인이 반색을 하며 맞이했다. 하지만 가게 안에 장미의 모습은 보이지 않았다. 장미 대신에 새로 온 듯한 여자가 있었다. 나이가 있어 보이는 여자였다. 가슴이 예리한 칼로 도려내지는 느낌이었지만 애써 참으며, 주인 여자한테 그냥 지나가는 말로 들릴 수 있도록 가볍게 물어봤다.

"어! 참 전에 있던 아가씨는 어디 갔나보죠?"

"아, 장미. 장미는 다른 데로 갔어."

"아, 아, 참, 그 아가씨 이름이 장미라고 했었죠. 어디 멀리 갔나요?"

"글쎄 한동안 몸이 아파서 일도 못하고 그랬는데 누가 지방 어디로 데리고 가겠다고 해서 보냈어."

나는 다른 데가 어떤 술집인지도 모르고, 또 어떤 거래 방식으로 그녀가 팔려갔는지는 몰랐지만, 마음 한쪽이 다시 캄캄한 벼랑 아래로 무너지는 것을 느꼈다. 다른 곳에 팔려가면서도 순순히 따라나섰을 장미를 생각하니 눈앞이 흐려지고 감정이 복받쳤다.

비록 그녀가 부모에게 버림을 받았고, 어릴 때 성폭행을 당했고, 반벙어리처럼 말을 더듬었고, 아무에게나 몸을 열어주었고, 선술집에서 술을 따르는 술집 작부였지만, 장미는 그 누구보다도 아름답고 순결한 여자였다. 세상은 그녀를 버렸지만, 그녀는 누구에게나 자신의 모든 것을 내주던 여자였다. 내겐 성모 마리아보다 더 순결하고, 부처님, 예수님보다 더 성스럽게 보이던 여자였다.

누나 같고, 동생 같고, 연인 같았던 장미가, 지금도 이 세상 어딘가에서 활짝 웃으며 피어 있기를 나는 바란다.

얼마 전 그 술집 앞을 지나다 보니, 술집이 있던 자리는 재개발로 헐려서 쓰레기 더미만 수북이 쌓여 있는데, 어디서 날아왔는지 모를 들꽃 한 송이가 곱게 피어 있었다.

화단 밖에 있는 나무들에게

비가 내리고
차양이 만들어진 곳에 나와 담배를 피운다

하늘에서 내리는 비와
바닥에 고이는 빗물을 물끄러미 바라보고 있다

화단 안에 있는 나무들 중

어떤 나무는 비를 맞고
또 어떤 나무는 용케 차양 안으로 들어와
비를 피하고 있다

차양 밖으로 걸어나가본다

담뱃불이 꺼지고
옷이 가려주지 못한 목덜미와 팔에 찬 물기가 닿는다

이 시린 걸
하루 종일 맞고 있는
화단 밖의 나무들아……

너희들도
나처럼

추억해야 할 것들이 있는 거니

오늘처럼 비 오는 날
너희들도

일부러 차양 밖으로 나와서
나처럼
가끔 비를 맞아보는 거니

마음속으로 쓴 답장

어제 홈페이지에 들어갔는데 사랑하는 조카들이 방문했다가 흔적을 남겼습니다. 핏덩이였을 때부터 쭉 보아온 아이들인데 어제 내 홈페이지에 들어와 남긴 글을 보니 '이 녀석들이 벌써 이렇게 커서 삼촌의 시를 아직 여물지도 않은 저희 생각 주머니에 넣고선 좋으니 싫으니 평가도 하는구나'라는 생각이 들었습니다.

내가 조카 기현이와 호근이 같은 초등학교 4~6학년 아이들을 좋아하는 건 나의 그 시절이 그립기 때문입니다. 호기심 많은 초등학교 시절 철봉대에 거꾸로 매달려 뒤집혀진 세상을 보기도 하고, 모든 게 무에 그리 급했는지 달음박질로 시작해서 달음박질로 마무리한 하루. 속으로만 생각했으니 들킬 일도 없을 텐데 어떤 여자아이를 맘에 담았다가 괜히 주위를 둘러보며 얼굴이 빨개지던 순수한 그때가 그립고 생각이 나서 난 자주 미아초등학교에 갑니다. 나무 벤치에는 누가 누구와 사귄다는 낙서와 '미영이는 내꺼. 건들면 죽음'이라는 협박과 하트 모양은 또 왜 그리 많은지……. 지금 아이들의 모습을 보면서, 거짓말처럼 잊었던 기억마저 다 생각해내고는 항상 마음이 따뜻해져서 돌아오곤 합니다.

김기현, 김호근 님이 쓰신 글입니다.

안녕하세요? 삼촌

우리 둘이 방학 숙제로 시 세 편 외우기를 해야 돼서 와 봤어요.

「우체통」이란 시를 봤는데 정말 내용이 좋았어요.

삼촌이 이렇게 시를 잘 쓰는지 오늘 처음 알게 됐어요.

새해 복 많이 받으세요.

RE : 김기현, 김호근 님이 쓰신 글입니다.

에구구 귀여운 내 조카들.

시 세 편을 외우는 숙제를 하는구나.

너희들도 새해 복 많이 받아라.

겨울인데 감기 조심하고

놀 때 항상 차 조심하고

친구들 하고 싸우지 말고

방학 때 책 많이 읽고……

며칠 뒤 설날에 보자 안녕.

RE RE : 마음속으로 쓴 답장

기현아! 호근아!

홈페이지에 올린 삼촌의 답장은 다 입바른 소리고

내가 무능하고 가난하고 보잘 것 없어서

삼촌 복도 지지리 없는 너희들에게 미안하구나.

어느 명절 날

세배를 하는 너희들에게 세뱃돈을 주지 못해

서로에게 너무 무안했던 그날

삼촌이 이 세상을 살면서

마음이 너무 아파

혼자 울었던 때가 여러 번 있었는데

그때가 그중 한 번에 속했단다.

우체통

내 키가
우체통만 할 때

우체통 뒤에 숨어서
누군가를 기다려본 적이 있었습니다

수없이 풀칠을 하면서도
수없이 마음에 우표를 붙이면서도
부치지 못한 그리움이 있었습니다

우체통은
아직도 그 자리에 서 있습니다만

우체통이
왜 꼭 빨간색인지는
지금도 모르고 있습니다

운동회가 끝난 운동장

자판기 커피 한 잔을 뽑아들고 유리창 앞에 가서 선다. 도서관의 삼층 창을 통해 한 초등학교의 교정이 한눈에 들어온다. 단풍 옷을 입은 나무들, 이파리들이 뒤집어지고 있다. 뒤집힌 이파리들은 뒤집힌 채로 있다. 이파리의 뒷면엔 계속해서 한쪽으로 불어간 바람의 무늬가 그려져 있다.

운동장엔 흙먼지를 뒤집어쓴 공동 수도가 있고 제법 높은 파란색 단상도 있다. 단상의 앞엔 발판 네 개가 달린 계단이 비스듬히 어깨를 받치고 있다. 무수히 많은 마이크와 상장이 저 발판을 밟고 단상에 올랐을 것이다. 저 발판을 밟아서 단상 위에 서 본 아이는 전교에서 몇이나 될까?

마른 이파리 하나가 땅에 닿을 듯 말 듯 떠밀려 바삐바삐 교문 밖으로 빠져나간다. 다시 운동장엔 바람이 불어오고 커다란 흙먼지가 일어난다. 난 잠시 눈 내리는 운동장을 상상해본다. 운동장 구석에 밀려가 쌓인 마른눈이 바람의 머리채를 붙잡고 후루룩 날아오르던, 그런 기억이 내 머릿속에 남아 있다.

하교 시간이 지난 교정을 바라보는 일은, 꼭 가을 운동회가 끝난 운동장을 바라보는 것처럼 우울하다. 비커 위에 올려놓은 양파와 탁한 물이 담긴 비커 사이로 햇빛이 통과해가는 것을 보는 것과 비슷한 고독감을 느끼게 한다.

여자의 몸으로 남자도 하기 힘든 신문보급소 일을 하는 누나. 오늘은 그녀가 새벽잠도 안 자고 장만한 아파트 집들이를 하는 날이다. 구할 수 있다면, 누나처럼 환하게 웃을 수 있는 배꽃을 사들고 가고 싶다.

가을 운동회

만국기가 펄럭거리는 운동장

찢어진 신문지와

흙 묻은 김밥 몇 개가 나뒹굴고 있는 운동장

갑자기 바람이 불기 시작한 운동장

약간 쌀쌀해진 운동장

모두 다 돌아가버려

아무도 없는

스탠드에 혼자 앉으니

나 어릴 적

엄마 대신 할아버지가 운동회에 따라오셔선

저만큼 멀찍이 떨어지셔서

애들이나 선생님 보기 창피하게

혼자 막걸리를 드시고 계시던

한없이 외로워 보이던 모습이 생각난다

그때 할아버지가 마시다 남긴

시큼한 막걸리를 마시며

가을 운동회가 끝난

텅 빈 운동장을 바라보고 있다

가슴속에 내리는 눈

난 눈이 하늘에서만 내린다고 믿지 않는다.

그리고 난

눈이 꼭 차갑다고 믿지도 않는다.

사람의 마음에도 눈이 내릴 때가 있다.

누군가를 생각할 때마다

저리 자욱이 내리는

그리움의 눈……

오늘,

사람의 가슴에 내리는

세상에서 가장 따뜻한

눈을 맞고 싶다.

황홀한 고백

내가 시라는 것을 처음 공부하던 때, 그 시절 난 꿈속에서도 시를 쓰던 문청이었다. 지금 보면 시라고 하기엔 좀 많이 부족한, 그러나 어차피 토해내야 할 내 안의 웅얼거림 같은, 막연한 외로움과 슬픔, 그리움 등을 남김없이 배설하던 습작 시절의 일이다.

난 어느 문학 집단에 몸을 맡기고는, 그들과 경쟁하고 한편으론 서로를 어루만져주는 그런 담금질의 시간을 보내고 있었다. 일주일에 두 편씩 저마다 써온 작품을 돌려보며 서로에게 채찍을 대는 시간이 끝나고 나면 자연스레 뒤풀이가 이어졌다.

그날은 내가 맨 처음 뒤풀이에 따라갔던 날이다. 누군

가 뒤풀이 장소로 앞장을 서고 나는 그 뒤를 따라갔는데 앞서가던 사람이 횟집으로 들어가는 것이었다. 난 속으로 '시인들은 가난하다고 들었는데…… 하긴 옛날에나 그랬겠지' 하며 내 호주머니와 지갑을 만져보았다.

 주인아주머니가 오고 주문을 하는데, A 시인이 탕 두 개를 달라고 했다. 탕? 횟집에서 무슨 탕을 달라는 것일까? 잠시 후 주문한 탕이 나왔다. '서더리탕' 남들이 회를 먹고 나서 매운탕을 안 먹고 가면, 그 남은 뼈로 끓인 탕. 그 탕 두 개에 둘러앉은 사람들을 보니 '설마'라는 단어가 저절로 떠올랐다.
 그때 우리 일행은 열두 명이었다. 간장종지만 한 종지가 손에서 손으로 돌려지고 누군가 거기에 탕을 한 국자씩 떠서 담으니 서더리탕 두 개는 금세 바닥을 드러냈다. 그리고 계속해서 시킨 소주는 스물네 병.
 난 안주가 너무 부실해서 황당한 얼굴로 그들을 보고 있었는데, 그들은 거의 깡소주에 신김치를 젓가락으로 꿰어 올리며, 어느 시인의 시가 어떻다는 둥 누가 무슨 상을 받았다는 둥 그렇게 진지할 수가 없었다.
 소주 스물네 병을 시켜 마시고 주머니 사정상 인제 깡소주도 더 시킬 여력이 없다고 판단했는지 총무를 맡고 있는 A 시인이 계산대로 가서 얼마냐고 물어보았다. 주인아주머니는 회 안 먹는 사람들한테 서더리탕만 팔지는 않는데 특별히 시인들이라 파는 거라며, 그래도 웃으며 사만 팔천 원이라고 했다.

 난 직장을 다니고 있었던 터라 보다 못한 내가 계산을 하려고 계산대에 가는데, 누군가 "해기 씨는 뒤풀이에 오늘 처음 왔으니 회비 면제"라고 말했다. 그리고 그들 열한 명은 서로의 호주머니를 뒤져 동전까지 포함하여 악착같이 사만 팔천 원을 만들어내었다.

 오늘은 그 당시 그들과 시를 공부하던 금요일이라 문득 그때 생각이 난다. 난 시를 배운 것보다 그들의 생활을 통해 배운 것이 더 많았음을……

 그 황홀한 배움터의 기억을 고백해야 한다.

제3부
노란 물감 띠

할아버지를 붙잡던 손

어릴 적 할아버지는 막내 아들집인 우리 집에 자주 오셨다. 할아버지가 오시는 날이면 우리 형제들은 모두 물속 피라미 흩어지듯 사라지곤 했다. 그 이유는 할아버지가 큰댁으로 돌아가실 때, 우리 형제들 중 누군가는 할아버지를 집으로 모셔다 드려야했기 때문이다.

당시 버스 기사들은 이런 할아버지들을 매우 싫어했다. 할아버지가 다 내리기도 전에 버스가 아슬아슬하게 신경질적으로 출발하기도 했고, 버스를 탈 때도 버스에 다가가면 백미러로 보고 있던 운전사가 그대로 도망치듯 출발한 적도 많았다.

할아버지 혼자서는 도저히 버스를 타고 다닐 수 없었다.

그래서 할아버지는 꼭 나를 데리고 다니셨다. 나라고 기분이 좋을 수는 없었다. 버스 운전사도 미워 보였고, 굼뜬 할아버지는 더 미워 보였다.

　이런 탓에 할아버지가 우리 집에 오시면 우리 형제들은 다 어디론가 도망을 갔다. 나만 집에서 머뭇거리다가 붙잡혀서 꼼짝없이 할아버지를 모시고 버스를 타는 수난을 겪어야 했다.
　버스를 타고서도 할아버지는 다른 사람들에게 민폐였다. 할아버지는 사람이 꽉 찬 버스에 올라서서 앉아 있는 다른 사람들에게 쓰러지듯 다가가셨다. 대부분은 자리를 비켜주었지만 이런 할아버지가 미웠던지 비켜주지 않는 사람들도 있었다. 난 언제나 붉게 달구어진 얼굴로 할아버지를 쫓아다녀야만 했다.
　할아버지가 왜 그리 자주 집에 오시는지 불만이었다. 거동도 잘 못하시면서 왜 그런 불편을 겪으면서 우리 집에 사흘이 멀다 하고 오시는지 정말 이해할 수 없었다. 난 이 부분에 대해선 할아버지를 미워하고 있었다.
　하지만 할아버지가 와 계시면 밖에서 놀다가도 할아버지가 버스 타고 집에 가실 일이 걱정이 되어 스스로 집에 들어가곤 했다. 요즘은 차가 흔해져 자가용으로 모셔도 되고, 택

시를 타고 가도 되지만, 그때는 그랬었다.

얼마 전 1박 2일간 회사에서 영등포 독거노인 봉사활동을 가게 되었다. 우리 봉사단의 역할은 버스에서 내리는 할아버지 할머니의 손을 잡아주는 일이었는데 주로 내가 이를 도맡았다. 어릴 적 할아버지 손을 붙잡아 드린 다년간의 잠재된 경험과 노하우가 발휘되었다.

내 손에 의지해 버스에서 내리던 할머니들이 내 손이 여자 손처럼 부드럽고 따뜻하다고 하셨다. 나는 그 어릴 적 내 할아버지를 붙들고 손잡아주던 기억이 손끝에서 느껴져 왔다.

내 할아버지를 많이 잡아 드렸던 손, 나도 모르는 사이 따뜻해져 있었나 보다.

그때 그 아이

초등학교 6학년 때, 우리 반에 어떤 아이가 전학을 왔다. 그 아이의 이름은 영진이었다. 첫눈에도 영진이는 좀 이상해 보였다. 다른 아이들보다 얼굴이 핼쑥하게 길었고, 고개는 비스듬히 기울어져 있었다. 인사를 하고 책상에 가 앉을 때까지의 걸음걸이와 행동도 아주 조심스러웠다.

쉬는 시간에 영진이는 가만히 책상에 앉아 있거나 엎드려 있었다. 아이들이 소란스럽게 떠들어도 영진이는 누가 툭툭 치기 전에는 고개도 잘 들지 않았다. 전학 온 지 일주일이 될 때까지도 영진이의 귀에 솜이 넣어져 있었다는 걸 눈치챈 친구는 아무도 없었다.

영진이는 자주 귀에서 솜을 빼내고 새 솜을 갈아끼워 넣었다. 귀에서 빼낸 솜에는 누런 고름이 묻어 있었다. 학급 아이들이 눈이 동그래졌다. 그리고 수군거리기 시작했다.

얼마 되지 않아 조용한 학생 영진이는 금방 놀림감이 되었다. 아이들은 영진이를 괜히 건드리기도 하고, 욕도 하기 시작했다. 영진이는 아이들이 어떤 소리를 해도 아무 반응이 없었다. 그러나 아이들이 꼬집거나 때리면, 그때는 뭐라고 소리를 지르며 신경질적인 반응을 냈다.

아무 반응이 없는 줄 알다가 영진이가 소리를 지르자, 아이들은 재미있다는 듯 더 영진이를 괴롭히기 시작했다. 아이들은 영진이가 많이 아프다는 것을 알고 있었지만, 괴롭히는 것을 멈추지 않았다. 손대는 것조차 불결했는지 어떤 아이는 빗자루를 가지고 엎드려 있는 영진이를 뒤에서 쿡쿡 찌르고, 영진이가 일어나 찡그리며 지르는 소리를 들으며 킬킬거리곤 하였다.

영진이 귀에서 끊임없이 흘러나오는 고름과 언제나 흰색으로 부서져 있는 손톱, 얼굴에 알 수 없는 상처로 생긴 딱지를 덕지덕지 붙이고 있던 영진이를, 아이들은 불결하고 찝찝하게 보고 있었던 것이다.

수업이 끝나면 언제나 영진이 어머니가 영진이를 데리러 오셨다. 영진이 어머니는 아이들에게 영진이와 사이좋

게 지내 달라고 부탁을 하고 돌아가곤 했다. 영진이 어머니는 아이들에게 과자나 떡을 돌리기도 했다. 선생님 역시 영진이를 특별하게 보지 말고 보통 친구로 잘 대해주라고 말씀하시곤 했다.

그러나 선생님과 영진이 어머니가 없을 때의 영진이는 친구들의 집단 괴롭힘에 시달리고 있었다. 아마 우리 학교로 전학을 오게 된 것도, 저번 학교에서도 이런 일이 있었기 때문이라는 생각이 들었다. 그렇지만 말을 잘하지 못하는 영진이는 어머니나 선생님께 이런 말을 하지 않는 것 같았다.

어른이 되어 아이를 기르고, 소중한 내 딸아이의 눈 수술 때문에 병원에도 들락거려보니, 갑자기 그 아이, 영진이가 생각난다. 수십 년이 지난 지금, 지금쯤은 살아 있지도 못할 것 같아서 불안해지는 영진이…….

생각하면 괜히 슬퍼지는 아이
때늦은 지금에야 생각나는 아이
잘해주지 못해서 미안한 아이
혹시 나도 작대기로 그 아이 영진이를 찔러대지는 않았는지

몸보다 마음에 더 큰 상처를 주지는 않았는지
무릎 꿇고 지금이라도 가서 사과하고 싶은 아이

그렇지만 요즘처럼 내가 너무 힘들 때
내 곁에 와서
오히려 나를 위로해주고 가는 아이

어쩌면 나 자신이 그 아이 영진이는 아닐까? 생각하게 하는 아이
오늘처럼 비 오는 날
처음으로 짝사랑 했던 여자아이와 함께
가장 많이 생각나는 아이

화장실 갈 때를 제외하고는 항상 자기 자리에 앉아 있던 아이
수행승을 닮았던 아이
눈망울이 누구보다 깨끗하고 맑았던 아이
누가 자기를 귀찮게 해도 자기는 아무도 귀찮게 하지 않았던 아이
말을 더듬고 잘못했지만 선생님 말을 잘 알아들었던 아이

많이 아팠지만
아무에게도 자신이 아프다고 말하지 않았던 아이
중학교, 고등학교에 가서도 전학을 많이 다녔을 아이

오늘처럼 칼칼하게 비 오는 밤
빗방울들이 작대기 하나씩을 들고
나를 찌르고 눌러본다

무상 교과서를 받던 날
―두 번의 후회

초등학교 4학년 때였습니다. 4학년에 올라간 지 하루 또는 이틀이나 지났을까? 생활 형편이 어려웠던 나는 늘 아이들과 선생님께 잘 보이고 싶었습니다.

어느 날, 선생님께서 종례 시간에 아이들을 향해 말했습니다.

"교과서 살 형편이 안 되는 사람 있으면 손들어라."

깨끗한 새 교과서와 다를 게 없으니, 괜찮다고, 또 책이 더러우면 어떠냐고, 공부만 잘하면 되니까, 가난은 창피한 게 아니니까, 어서 손 들어보라고 했습니다.

몇몇 아이들과 함께 나도 올라가지 않는 손을 조심스럽게 들었습니다. 선생님은 아이들을 교단 앞으로 불러내셨습니다. 그리고 책을 나누어주셨습니다. 그런데 새 책처럼 보이는 헌책은 다 있는 게 아니고, 한두 권씩 모자랐습니다. 선생님은 한두 권씩 빠진 책에 대한 말씀은 없으셨습니다. 우린 교과서를 공짜로 얻는 처지에 그런 생각을 할 겨를이 없었습니다. 다만 난 왜 굳이 선생님께서 아이들이 다 보고 있는 종례 시간에, 그것도 다른 아이들을 보내지 않고 학생들이 다 보는 앞에서 무상 교과서를 나누어주시는지 그게 좀 야속했습니다.

 다른 아이들 앞에서, 점점 가난이 죄스럽고 창피해지기 시작했습니다. 선생님은 책을 다 받은 아이는 저 뒤로 가서 서 있으라고 하셨습니다. 교단의 반대편인 저 뒤쪽은 준비물을 해오지 못했을 때 벌을 서던 곳이었습니다. 선생님의 말씀은 평소 다른 선생님들이 나를 혼내실 때의 말투와 너무 많이 닮아 있었습니다.
 선생님은 다시 말씀하셨습니다.
 "너희들은 공짜로 책을 받았으니 다른 아이들보다 공부를 더 열심히 해야 한다." 무상으로 한두 권씩 빠진 책을 받아든 우리들은, 얼른 이 시간이 끝났으면, 이 불편하고 창피한 시간, 아이들이 비웃듯이 보고 있는 이 시간이 빨리 지났으면 하고 생각하고 있었습니다.

어린 마음에도 선생님의 언행이 일치되어 보이지 않았습니다. 선생님은 아이들 앞에서 우리에게 가난은 창피한 게 아니라고 말은 하시면서, 왠지 우리를 나무라고 훈계하고 계셨습니다.

부끄럽고 불편했던 긴 시간이 끝나고, 선생님께서 자리에 가서 앉으라고 했을 때, 나는 손을 든 것을 처음으로 후회했습니다.

그리고 얼마 후 수업 시간, 선생님께 지목된 아이들이 책을 읽게 되었는데, 내 책은 아이들의 교과서와 달랐습니다. 분명히 같은 13페이지인데, 아이들과 교과서 안의 내용이 달랐습니다. 급해진 마음에 이리저리 뒤적여보니, 15페이지에 그 내용이 있는 것이었습니다. 내가 무상으로 받은 책은, 겉은 새 책이었지만 지난해 학생들에게 나눠주고 남았던 한 해 묵은 책이었고, 이번에 새 책을 찍을 때 교과서가 바뀌었던 것 같았습니다.

학생들이 앞에서부터 지그재그로 책을 읽어오고 내가 읽을 차례가 되었습니다. 선생님은 내게 그 다음 줄부터 읽으라고 하셨습니다. 엉거주춤 일어나서 교과서가 다르다고 말도 못하고 우물쭈물 서 있는데, 바로 선생님의 호통이 날아왔습니다. 수업 시간에 무슨 딴 생각하고 있느냐고…… 13페이지 넷째 줄이라고 하셨습니다.

나는 얼굴이 붉어져서 13페이지 넷째 줄을 읽었습니다. 분명하게 읽어야 할 페이지를 알려주었음에도 엉뚱한 내용을 읽고 있자, 잔뜩 화가 나신 선생님이 참지 못하고 몽둥이를 들고 다가오셨습니다. 몽둥이로 머리통을 한 대 때리시고는, 책상 위의 책을 몽둥이로 짓이기며 펴서, "여기 읽어 여기" 하면서 가리켰습니다.

읽어야 할 페이지까지 펼쳐주었는데도 내가 쩔쩔매며 책을 읽지 못하고 있자, 선생님은 점점 더 무섭게 화를 내셨습니다. 보다 못한 내 짝이 "선생님 얘 책은 달라요. 무상으로 받은 책이라 그런가 봐요"라고 했습니다. 그러나 선생님은 내 짝의 말에도 좀처럼 화가 풀리지 않으셨습니다.

"뭐? 그래? 잘났다 잘났어. 참 가지가지 한다"라고 하시며 몽둥이를 치켜들었다가, 다시 때리지는 않으시고 교단 쪽으로 가셨습니다. 그날 선생님이 왜 그렇게 화가 많이 나셨는지는 잘 모르지만, 나는 무상으로 책을 받은 걸 두 번째로 후회했습니다.

늘 돈에 쪼들리는 어머니 때문에 창피를 무릅쓰고 받았던 책…… 이 세상엔 공짜가 없다는 것을 어릴 때 너무 빨리 알아버렸습니다.

노란 물감 띠

　초등학교 5학년 때였습니다. 나는 맨 뒤에서 두 번째로 키가 큰 편이었습니다. 운동을 좋아했고, 특히 태권도가 배우고 싶었습니다. 그 당시 태권도장에 다니는 일은 우리 집 형편에 맞지 않았습니다. 얼마나 태권도 도장에 다니고 싶었는지 지금도 그때 태권도장에서 한 달 운동하는 데 드는 비용을 기억하고 있습니다. 태권도 도장에 다니는 친구한테 물어보니 한 달에 팔천 원이라고 했습니다. 꼭 하고 싶은 일 하나를 간절하게 머릿속에서 그리다 보면 기회가 생기는지, 마침 학교에서 가난한 아이들과 아이들의 건강을 위해 태권도 도장의 협찬을 받아 한 달에 육백 원만 내면 태권도를 가르쳐준다고 했습니다.

마른 먼지가 풀풀 나는 운동장에서 샌드백 하나 없이 그냥 하는 태권도였지만, 4, 5, 6학년이 짬뽕으로 그냥 허공에 대고 하는 태권도였지만, 난 엄마를 졸라댔습니다. 형편이 어려웠으나, 집안의 장남이 그렇게 하고 싶어 하니까, 고민하다가 엄마가 허락을 하셨습니다. 그렇게 태권도를 시작하게 되었고, 나는 무척 기쁜 나머지 밤마다 매일 변소 뒤에서 구기자 나뭇가지를 상대로 발차기와 지르기 연습을 했습니다.

비록 흰띠를 매고 있었지만, 타고난 운동 소질과 자발적 열정이 곁들여진 반복 훈련은 태권도 수업 시간에 효과를 보기 시작했습니다. 태권도를 지도하는 사범님이 나를 나와 보라고 하더니, 아이들 앞에서 시범을 보이게 했습니다.

"잘 봐, 얘처럼 해야 돼."

그렇게 태권도를 시작한 지 20일쯤이 지난 어느 날이었습니다. 태권도 도장 관장님은 평소 도장에서 비싸게 태권도를 배우는 아이들만 지도하고 계셨고, 학교 운동장에서 태권도를 배우는 아이들은 사범님한테 맡겨 두었었는데, 평소에 학교 운동장엔 오시지 않던 관장님이 갑자기 우리들 앞에 나타나셨습니다. 관장님 옆엔 검은띠를 맨 아이와 그 아이의 엄마가 서 있었습니다.

관장님은 흰띠인 우리들을 둘러보며, 검은띠 아이의 상대를 고르기 시작했습니다.

"그래, 너…… 너, 이리 나와 봐."

앗! 관장님은 하필 백 명도 넘는 아이들 중에 나를 고르셨습니다. 검은띠를 매고 있는 아이는 6학년이었습니다. 나를 고른 건 아마 키가 비슷해서 그런 것 같았습니다. 이리하여 원치 않는 대련이 시작되었습니다. 관장님은 대련과 동시에 발차기 한 대를 맞고 나가떨어질 흰띠를 상상하며 검은띠 엄마에게 쉴 새 없이 귓속말을 해대고 있었습니다. 그러나 내가 누굽니까. 태권도를 배우게 된 날부터 벅찬 가슴에 잠을 못 이루고, 달밤에 체조하듯 변소 뒤에서 피나는 훈련과 연습을 하던 슈퍼 흰띠 아닙니까.

나는 대련과 동시에 거칠게 시작된 검은띠의 연속된 발차기 공격을 가까스로 피하고, 새벽 3시에 연마하던 이단 옆차기 공격을 퍼부었습니다. 내가 무의식중에 얼마나 날았을까? 정신을 차려보니, 검은띠 코에서 새빨간 코피가 흐르고 있었습니다. 관장의 얼굴이 일그러지면서 사범과 흰띠인 나를 무섭게 노려보는데, 검은띠 아이 엄마가 달려 나와 검은띠를 안으며, 이번엔 관장 얼굴을 사납게 째려보았습니다.

나는 그때 어린 나이였지만 내가 무엇을 잘못했는지 느

껌으로 저절로 알 수 있었습니다. 그리고 많이 서러웠습니다. 그냥 한 대 맞아주고 잠시 엎드려 있다가 훌훌 털고 일어났더라면 모두가 편했을 일이었는데, 괜히 여러 사람들을 힘들고 불편하게 했다는 생각이 들었습니다.

하지만 그날 이후 자신감을 얻은 난 더욱더 태권도 연습에 매진하였고, 꿈속에서도 태권도 연습을 할 정도로 열심이었습니다. 그리고 한 달 반이 지나고 승급 시험을 보게 되었습니다.

노란띠! 내 가슴은 두방망이질 쳤습니다. 백 명 중 두 명은 떨어진다던 그 노란띠. 난 최고 기량의 흰띠였지만 방심하지 않으려고, 더욱 열심히 연습을 했습니다. 그리고 승급 시험을 보고 노란띠를 맬 자격을 획득하였습니다. 그때 노란띠 가격이 이백 원이었습니다. 나는 엄마에게 달려가 자랑스럽게 빨리 노란띠를 사달라고 했습니다. 그런데 이게 웬일입니까. 엄마는 돈이 없으니, 태권도를 그만두라는 청천벽력 같은 말을 하셨습니다.

당시 이백 원이면 지금 돈으로 한 사, 오천 원 정도 될까요? 난 하루, 이틀, 사흘…… 태권도를 빠지며, 철없이 엄마를 계속 졸랐습니다. 엄마는 내게 그냥 계속 흰띠를 매고 하면 되지, 무슨 띠를 자꾸 바꾸느냐고, 태권도를 전혀 이해하지 못하는 말씀만 하셨습니다. 난 매일 울며 조르다 잠들기를 반복했습니다.

그렇게 5일쯤 지났는데, 엄마가 그럼 노란띠를 만들어 주시겠다고 했습니다. 정말 희한하게도 그 당시에도 흔치 않던, 머리 빗는 참빗이나 색실 꾸러미, 물감 등등 갖가지 것들을 머리에 이고 다니며 팔던 방물장수가 근처를 지나가게 되었나봅니다. 엄마는 오십 원짜리 노란 물감을 사서 세숫대야에 푼 뒤 흰띠를 담그고 물을 들였습니다.

노란 물이 들고 있는 띠를 보며 엄마도 기쁜 기색이 역력했습니다. 이제 파란띠, 빨간띠, 무슨 띠던 다 물들이면 되니까 걱정 없다고 누나도 엄마와 함께 환하게 웃었습니다. 나는 어서 빨리 노란 물이 들기를 바라며 두 시간 동안 세숫대야만을 들여다보았습니다.

앗! 드디어 노란띠다. 난 그날 바로 그 노란띠를 매고 급하게 태권도를 배우러 갔습니다. 일 초라도 늦으면 늦을수록 다른 아이들에게 태권도 실력이 뒤쳐진다는 생각에 한달음에 달려갔습니다. 그런데 가면서 흰 도복에 노란 물이 배어나는 게 좀 이상하다 싶더니, 내 노란띠는 다른 아이들의 노란띠와는 색깔이 너무 차이가 났습니다. 그것은 아이들이 매고 있는 진짜 노란띠와 비교해보니 차라리 흰색에 가까운 노란색이었습니다. 아이들이 "네 노란띠는 좀 이상하다"고 수군거리기 시작했습니다.

창피함에 얼굴이 화끈거려 도망치듯 집으로 돌아오면서, 나는 정신적인 충격을 심하게 받았지만, 더 이상 엄마를 조르지는 않았습니다. 이젠 노란띠를 사준다고 해도 그것을 매고 아이들 앞에 설 자신이 없었고, 앞으로 파란띠, 빨간띠, 빨간색 검은색이 절반씩 섞여야 하는 품띠, 그리고 검은띠까지 물을 들이며 태권도를 해나갈 자신이 없었던 것입니다. 띠에 물을 들일 때마다 도복도 띠 색에 따라 울긋불긋 물이 밸 테고, 결국 나중엔 지저분해진 도복도 흰 물을 들여야만 할 테니까요. 어린 나이였지만 이것저것 생각해보니 내가 태권도를 하는 건 아무래도 불가능해 보였습니다. 그래서 당시로서는 목숨보다 더 소중했던 태권도를 포기하게 되었습니다.

팔 개월이 지난 어느 날 하굣길, 나와 같이 태권도를 시작한 아이들이 운동장을 뛰며 돌고 있었습니다. 그 아이들 중 나처럼 운동신경이 좋았던 아이 몇몇은 검은띠고 대부분은 빨간띠, 그리고 백 명 중 두 명으로서 그때 노란띠를 못 땄던 아이들은 파란띠를 매고 있었습니다. 나는 나도 모르게 나무 뒤에 몸을 숨겼고, 숨어서 아이들을 뚫어지게 바라보았습니다.

어린이집에 다니는 아들 수영이가 요즘 태권도를 배운

다고 노란띠를 매고 다닙니다. 한때 내가 신앙처럼 받들었던 그 노란띠를 너무 쉽게 매고 다닙니다. 태권도장에 갔다 오면 태권도가 하기 싫은지, 그 귀한 노란띠를 함부로 벗어던집니다.

아들 수영이에게 말했습니다.

이 아빠도 태권도를 배운 적이 있었다고 했습니다.
이 아빠도 노란띠까지 딴 적이 있었다고 했습니다.

노란띠를 딴 적은 있었지만
노란띠를 매본 적은 없었다고 했습니다.

노란띠를 매본 적은 없지만
노란 물감 띠는 잠시 매본 적이 있었다고
혼잣말처럼 얘기했습니다.

우리 집 개 먹보

고등학교 때 집에서 개를 키웠다. 아는 사람한테 얻은 개였다. 족보나 혈통이 있는 개가 아니라 잡종 똥개였다. 그 개는 평소 개 기르는 게 소원이었던 여동생의 귀여움을 독차지했다. 음식을 주면 걸신들린 듯이 씹지도 않고 삼켜서 이름을 '먹보'라고 지었다.

목줄에 매인 먹보는 하루 종일 심심했다. 대문 밖에서 무슨 소리가 나도 좋아서 난리를 쳤고, 방문 열리는 소리가 나도 신이 나서 난리를 쳤다. 너무 심심하니까 어떤 것이라도 먹보에게는 관심거리였다.

여동생은 먹보를 귀여워했다. 하지만 먹보의 머리를 쓰다듬기는 불편했다. 머리를 쓰다듬으려 해도, 먹보가 고개를 들고 손을 핥으려고 하고 몸통을 뒤틀고 꼬리를 흔들며, 좋아서 어쩔 줄 몰라 하기 때문에 쓰다듬기가 쉽지 않았다. 나는 때리는 시늉을 하여 먹보가 납작 엎드릴 때, 먹보의 흥분 상태를 좀 가라앉히고 머리를 쓰다듬어 주곤 했다.

그런데 어느 날 집에 오니 먹보는 없고 어른 구두 두 켤레가 있었다. 아버지가 춘천에서 오신 것이었다. 아버지는 춘천에서 사업을 하고 계셨기 때문에 우리와는 늘 떨어져 살았다. 아버지는 1년에 한두 번 춘천에서 오셨다.

아버지는 고모부와 안방에서 술을 드시고 계셨다. 술상 옆에는 큰 들통이 있었고, 상에는 어떤 고기가 썰어져 있었다.

"어, 아버지? 오셨어요?"

"왔냐? 어서 와서 고기 먹어라."

고모부도 얼른 와서 고기를 먹으라고 했다. 웬 고기? 신난다. 어서 가서 먹어야지…… 하고 갔는데, 느낌이 좋지 않았다. 설마…… 우리…… 먹…… 보……?

순간 토할 것 같은 느낌이 들었다. 먹보를 먹고 있는 아버지와 고모부가 증오스러웠다. 이따가 학교에서 돌아올 동생들 걱정이 먼저 되었다. 특히 먹보를 아끼고 아끼던 여동생이 받을 충격을 생각하니 온몸에 소름이 돋았다.

걱정스런 마음으로 방에 있는데 잠시 후 학교에서 돌아온 여동생의 질긴 비명소리가 났다. 어떻게 먹보를 잡아먹을 수가 있냐고, 울고불고 난리가 났다. 아버지는 괜찮다고, 예쁜 강아지 한 마리를 사줄 테니 울지 말고 어서 와서 고기를 먹으라고 했다.

아버지는 시골 사람이라서 식용으로 개를 기르고, 종종 잡아먹어왔다. 여동생과 나는 입맛을 잃어 3일간 아무것도 먹지를 못했다. 특히 여동생은 이후 부엌에도 잘 들어가지 않았다. 먹보를 끓이고 삶았을 솥이나 그릇에 손을 대지 못했다.

요즘 딸한테 저녁마다 동화책을 읽어주거나 옛날 얘기를 해주는데, 오늘은 먹보 이야길 해주었다. 딸은 "헉, 정말이야?"라고 되물어본다. 딸은 걱정이다. 우리 집에서 개를 기르다가 할아버지가 명절날 와서 또 잡아먹으면 어떡하느냐는 것이다.

"그래서 내가 너희들이 개 사달라고 졸라도 못 사주는 거야."

"할아버지 오시면 개를 숨겨놓으면 되잖아."

"할아버지 별명이 개귀신이란다. 개 냄새를 바로 맡으

니까, 숨겨도 소용이 없단다."

"그럼 무서운 개를 사면 되잖아."

"아무리 무서운 개도 개장수한테는 못 당해. 꼬리를 확 내린다니까."

"아, 그렇지! 검정고무신에서도 그렇던데. 근데 사나운 개도 왜 개장수는 못 물어?"

"개장수 오래하면 개한테만 쏘는 장풍이 나온단 말이야. 그래서 못 덤벼."

"아주 큰 개, 시베리안 허스키처럼 큰 개도?"

"아무리 커도 안 돼. 개장수한테는 어떤 냄새가 나나 봐."

"어떤 냄새?"

"나도 모르지, 내가 개냐?"

"근데 아빠 개고기가 그렇게 맛있어?"

"솔직히 맛은 좋아."

"근데 아빠는 그때 먹보 왜 안 먹었어?"

"너 같으면 먹을 수 있겠냐? 가족같이 기르던 갠데."

"할아버지는 근데 왜 그렇게 개고기를 좋아하셔?"

"옛날에 먹을 게 귀할 땐 개도 음식이었어."

"소고기도 있고, 돼지고기도 있잖아."

"소는 일할 때 쓰는 집안의 전 재산이고, 돼지는 결혼할 때나 잡는 거야."
 "닭고기도 있잖아?"
 "물론 닭도 잡지만, 닭은 매일 알도 낳아야 하고, 잡아도 양이 작잖아."

 어느새 새근새근 잠든 딸 신영이…….
 꿈속에서 개를 기르고 있는지, 그 개를 내가 잡아먹고 있는지, 가끔 움찔움찔한다.

바보 창성이

창성이는 우리 동네 바보였다. 창성이는 늘 콧물을 흘렸고, 코 아래로는 두 줄기 콧물이 흘러내린 자리가 허옇게 눌어붙어 있었다. 창성이는 누가 와서 처음 딱 봐도 '아 쟤는 바보구나' 하고 생각할 법했다. 말은 어눌했고, 단답형의 간단한 질문과 대답 정도밖에는 하지 못했다. 사실 창성이는 어느 동네나 가난한 동네에 가면 꼭 한 명씩은 있을 것만 같은 흔한 바보였다. 창성이는 우리보다 서너 살이 많다고 하기도 하고 실제로는 다섯 살이 더 많다는 얘기도 있었다. 창성이가 열여덟 살이라고, 이제는 장가들 나이라고 동네 아줌마들이 놀려댔다. 이제 거기에 털도 나지 않았냐고, 동네 여자들이 짓궂은 질문을 꺼내기도 하고 창성이의 그곳을 잡으려는 시늉도 하였다. 그럴 때마다 창성이는 기겁을 하고 물러났다. 창성이는 특히나 먹을 것에 약했다. 고구마나 아이스크림 등 이미 한 번 먹어보고 경험한 것들에 대해서는 "한 입만 주라" "한 입만 주라" 하며 쫓아다녔다. 그래서 창성이에게 먹을 것을 가지고 유혹하며 한 번만 거길 보여주면 이걸 주겠다고 유혹하는 사람들도 있었다. 소중한 것이란 걸 본능적으로 알고 있는 창성이는 그때마다 몇 번이고 고민하지만 결국 이성보다 본능이 먼저 발달된 창성이는 딱 한 번만이라고 다짐을 받으면서 골목길로 들어가 자신의 소중하고 은밀한 그곳을 보여주곤 했다. 어린 우리들은 먹을 걸 가지고 누굴 때려 달라고 했다. 창성이는 누굴 때려 달라면 때려주고, 보여 달라면 보여주고, 웃으라면 웃고 울어보라면 울었다. 하지만 그런 창성이도 극도로 싫어하는 말이 있었는데 그건 '바보'라는 소리였다. 누가 '바보'라고 하는 날엔 창성이는 나 '바보' 아니라고 하며 죽일 듯이 덤벼들었다. 그 소리에는 아이나 어른이나 여자를 가리지 않고 덤벼들었다. '바보'란 말에 훈련이 되었는지 아니면 누가 '바보'라고 놀리면 때려주라는 교육을 받았는지 그 단어는 창성이의 본질이기도 하면서 금기어였다. 창성이 아버지는 창성이를 항상 무섭게 대했다. 바보 창성이를 때려서라도 남들과 같이 만들고 싶은 마음이 있었던 모양이었다. 매에 의해 훈련된 창성이는 무슨 일을 하다가도 아버지가 부르면 즉시 중단하고 아버지가 시키는 일을 실천했다. 창성이의 행동으로 보아 '바보'라고 부르는 사람은 무조건 때려주라고 아버지가 교육을 한 듯했다. 창성이 아버지는 그것이 엄마도 없이 키우고 있는 '바보' 창성이를 지키는 마지막 방법이라고 생각했었는지 모른다. 창성이 아버지가 바라보는 우리에 대한 시선은 언제나 곱지 않았다. 창성이 주위에서 얼쩡대는 사람들에 대한 시선도 항상 날카로웠다. 바보 아들 창성이가 사람들 사이에서 이득을 얻을 수 없다고 생각한 아버지는 점점 커가는 창성이가 부담스럽고 걱정이 이만저만이 아니었을 것이다.

창성이가 누구한테 언제 어떤 의도로 들었는지 모르지만 '각시'란 말을 들으면 창성이는 정말 바보 같은 웃음을 웃으며 좋아했다. 사춘기를 지나며 창성이의 몸을 어떤 힘이 이끌기 시작했던지 창성이는 늘 '각시'에 대한 환상을 가지고 있었다. '바보'란 말과 '각시'라는 말은 '선'과 '악'처럼 창성이의 이성과 감성을 지배하는 양극의 언어였다.

창성이는 욕망을 비추는 거울이었다. 그것은 투명하고

맑았다. 바지를 내린 건 창성이었지만, 사람들의 이기심과 욕망은 창성이 앞에서 오히려 발가벗겨졌다.

참 착해서 거짓을 말하지 못한 창성이를 사람들은 '바보'라고 불렀다. 사람들이 시키면 시키는 대로 잘 따랐던 창성이를 '바보'라고 했다. 누구에게도 피해주지 않고 천진하게 어린아이들과 잘 어울리는 창성이를 사람들은 '바보'라고 했다. 계산하며 속이다가 들통 나 남들과 다투고 사는 사람들이 그러지 못한 창성이를 '바보'라고 계속해서 놀렸다. '바보'인 창성이는 동네에서 행복하게 살았고, 바보가 아닌 사람들은 계속해서 불행하게 살았다. 우리 동네에는 바보 창성이가 살았지만, 사실 제일 똑똑한 사람의 이름도 창성이었다.

과자를 훔친 가게

어릴 때 나는, 우리 집처럼 가난한 집 아이들과 몰려다녔다. 아이들의 호기심은 늘 위험하거나 나쁜 곳을 향해 있었다. 그런 호기심은 항상 가난과 비례하는 것 같았다. 다들 가난하다고 해도 우리 집만큼 철저하게 버려진 아이들은 없었다. 친구들은 그래도 가끔씩 돈이 생겼다. 여름에 단물이 뚝뚝 떨어지는 맛있는 하드와 라면땅, 웨하스, 양갱, 보기만 해도 침이 꼴까닥 넘어가는 과자들을 바라만 보는 일은 무척 힘들었다.

공터로 내려가는 좁은 길옆에 조그만 구멍가게가 있었다. 친구가 과자 사는 것을 구경하러 따라 들어갔다. 가게에는 작은 방이 딸려 있었다. 창호지 문 밑으로 두 뼘쯤 되는 유리문을 끼워 넣은 방이었다. 그 유리창을 통해 방 안이 들여다보였다. 아침에 먹은 밥상이 치워지지 않은 채로 놓여 있었고 한쪽엔 이불도 깔려 있었다. 주인은 밖을 자주 내다보지 않았다.

오십대 중반쯤 돼 보이는 주인아주머니는 아파 보였다. 아파서 그런지 가게 안을 샅샅이 살피지 않았다. 반쯤 방문을 연 채로 상체를 내밀어 돈을 받고 있었다. 가게의 동선도 복잡했다. 방 안에서 가게 구석구석이 완전히 다 보이질 않았다. 가게 출입구 근처의 과자들은 주인아주머니의 시선에서 가려져 있었다.

가슴이 두방망이질 쳤다. 두 손이 떨려왔다. 내 손은 돈이 없다고 말하고 있었다. 내 손은 이제 곧 과자를 훔칠 거라고 말하고 있었다. 내 손은 아픈 아주머니의 시선을 피해 얼른 과자를 주머니 안에 넣고 있었다.

밖으로 나와서 한참 동안을 뛰다시피 걸었다. 그리고 어느 외진 골목 구석에 가서 혼자 훔친 과자를 먹었다. 과자의 종류가 눈에 들어오질 않았다. 평소처럼 아껴먹지도 않았다. 과자의 맛도 전혀 느낄 수가 없었다.

수십 년이 지나 어른이 되어 그곳에 다시 가보았다. 항상 마음에 죄의식으로 남아 있던 그 가게는 아직도 그 자리에 있었다. 가게의 지붕 위에는 방에 깔려 있던 장판이 덮여 있었다. 아직도 가슴이 울렁거려서 그냥 외면하고 그 가게를 지나치고 말았다. 그러자 마음 한쪽이 무거워졌다. 나 때문에…… 가게가 아직도 저렇게 가난한 건 아닌지, 내가 훔친 과자 때문에 지금까지 재수가 없어서 그런 건 아닌지…….

다음날 다시 그 가게 앞을 서성거렸지만 가게 문을 열고 들어갈 수는 없었다. 힐끗 가게 안을 들여다보았다. 수십 년이나 지났지만, 가게 안의 구조는 그때와 같았다. 그 당시 아파 보이던 아주머니의 모습은 보이지 않았다. 여전히 가게 안은 어두컴컴했다. 외관상 보기에도 손님이 들어가지 않게 생겼다. 누가 담배나 사러 들어가면 들어갈까. 그곳에서 과자를 살 아이들도 없어 보였다.

가게도
아주머니도
나도
지붕 위에 덮어둔 장판처럼
세상을 거꾸로 살아가고 있었다.

마침 오늘은 아이들과 어린이대공원에 가기로 약속한

어린이날이다.

내 몸 안에 있는 어린아이는
어두운 가게 안에서
아직도 나오질 못하고 있다.

절벽 위에 지은 집

어릴 적 우리는 절벽 위에 지어진 집으로 이사를 갔다. 절벽 끝에 지어진 집은 대략 두 가지로 나뉜다. "와! 어떻게 저런 곳에 집을 지은 거야? 경치 죽이네!" 하며 부럽게 바라보는, 절벽이 아닌 절경인 집과 우리 집처럼 가난에 시달리다가 어쩔 수 없이 목숨을 걸고 가서 살아야 하는 절박의 집.

절벽 끝에 지어진 집조차도 온전히 우리 집은 아니었다. 우리는 전세를 살고 있었고, 주인은 해마다 전세금을 올려달라는 통보를 해왔다. 전세 계약을 할 때 주인이 우리에게 말하지 않은 것이 더 있었다. 불편한 게 한두 가지가 아니었다.

절벽 집은 바람이 많이 불었다. 겨울엔 장독대 옆에 있던 수도가 늘 얼었다. 헝겊으로 아무리 감아두어도 해마다 한겨울로 들어서기도 전에 수도가 얼어붙었다. 언 수도는 밑뿌리까지 얼었는지 신문지에 불을 이어 붙여가며 아무리 녹여도 녹지를 않았다. 주인한테 얘기를 하면, 주인은 우리가 이사 올 때 수도 관리를 잘해야 한다고 미리다 얘기하지 않았느냐며 짜증을 냈다. 언 수도는 집 안 부엌과도 연결되어 있어, 수도가 얼어붙으면 가사노동의 양은 몇 배로 불어났다. 끼니때마다 다른 집에서 물을 길어와야 했다. 겨우내 빨래는 엄두조차 내지 못했다. 이 얼어붙은 수도는 이른 봄, 멀리 보이는 산 위에 쌓인 눈들이 녹을 무렵, 헛구역질과 함께 녹슨 물이 나오면서 풀렸다. 나중엔 수도에서 물이 나오면 그게 오히려 신기하게 보일 정도였다.

절벽 집은 변소를 치우거나 연탄을 들여오는 것도 돈이 더 들었다. 가파르고 위험한 곳이라 뭐든 웃돈을 주어야만 했다. 문제는 여기서 끝나지 않았다. 여름철 비가 오면 담 밑에서 작은 흙 알갱이들이 흘러내렸다. 절벽에 지어진 집이지만 그나마 바닥이 돌이라 집은 안전할 줄 알았는데, 집을 받치고 있던 것은 돌이 아니라 모래가 굳어져 돌처럼 보이는 모래 덩이였던 것이다.

학교에 가서도 아이들과 어울려 놀 때도 나는 늘 한 가지 걱정을 하곤 했다. 집이 무너지진 않을까. 절벽 밑을 지나는 사람들이 무너진 우리 집 담벼락에 맞아 크게 다치지는 않을지……. 특히 비 오는 날이 걱정이었다. 모래로 굳어진 돌이 조금씩 흘러내리는 그런 날 밤에는 잠도 잘 오지 않았다. 자다가 담벼락과 함께 절벽 아래로 굴러 떨어지진 않을지…… 어린 나도 이렇게 걱정을 하는데, 왜 우리 엄마는 걱정을 하지 않는지 그게 이상했다. 지금 생각해보니 걱정을 하지 않는 척만 했었지, 집주인에게 얘기해도 들은 체도 안 하고, 이사 갈 돈도 없고, 걱정을 해도 소용이 없으니, 설마 그래도 무너지진 않겠지…… 하며 체념을 했었던 것 같다.

어느 여름, 장마가 지고 나서 절벽에 세워진 담에 드디어 큰 문제가 생겼다. 담이 눈에 띄게 기울면서 거기에 어른 주먹만 한 균열이 생긴 것이다. 지금이라도 금방 무너질 듯, 절벽 밑 차도와 지나는 행인들을 곧 덮칠 것만 같았다. 누가 봐도 끔찍한 사고가 예견될 정도로 어른 주먹만 한 균열은 하루 사이에 두 배 이상 벌어지고 있었다. 상황 얘기를 전해들은 주인은 버티다가 현장을 보고나서야 안 되겠다 싶었는지 서둘러 공사를 했다. 가까스로 대형 사고는 막았지만, '우리는 언제쯤 집에 신경 안 써도 되는 집다운 집, 안전한 집으로 이사를 가게 되나' 하는 생각을 했다.

　내가 아파트 구경을 처음 갔을 때, 부동산중개소에서는 확장 공사를 해서 발코니 쪽이 넓고 전망이 좋다고 했다. 창문 앞으로 다가서니 바로 아래로 떨어진 직각이었다. 어릴 적 내가 살았던 절벽 집의 작은방에서 창문을 내다보는 것처럼 아슬아슬하고 불안했다. 내가 아파트에 사는 걸 별로 좋아하지 않는 이유가 여기에 있다.

　생각해보니 우리는 절벽 집을 운명처럼 받아들였다. 그게 우리가 살아왔던 방식이었다. 집뿐만 아니라 생활 자체가 늘 아슬아슬하게 막다른 절벽 있었으니까.

　요즘도 살다보면 절벽으로 내몰릴 때가 있다. 절벽에서 살아본 나는 그런 느낌을 알고 있다. 절벽에 서 있다는 것이 어떤 일인지, 어떤 심정인지 조금은 안다.

　내 어린 시절이 살았던 절벽, 불행하게도 나는 군대도 바닷가 절벽 위 초소가 있는 곳에서 근무를 했다. 지금 다니는 회사도 절벽처럼 높은 빌딩 안에 있고, 요즘은 그 회사에서 쫓겨날 처지에 있으니, 절벽 근처에서 살아야 하는 것이 내 팔자인 모양이다. 생각해보니 맨 처음 내가 아무것도 모르고 쓴 시도 절벽과 관련이 있다.

절벽 아래에 지은 집

그는 남의 축대 밑에 빌붙어 살았다. 울퉁불퉁한 돌로 쌓은 축대를 등지고 그는 집을 지었다. 그의 몰골은 누가 보더라도 거지였다. 그는 혼자 살았다. 일 년에 한두 번씩 어쩌다가 동생으로 보이는 여자가 와서, 청소를 해주고 밥을 해주고 가곤 했다. 여자와 그가 나누는 대화 내용을 추측해보면, 그에게도 가족이 있었다. 결혼한 여동생과 아픈 노모가 있고, 그는 맏아들인 듯했다. 그는 노모에 대한 걱정을 많이 하는지, 동생에게 어머니는 어떻게 계시는지를 여러 번 물어보았다.

그는 하루 종일 방 안에 누워만 있었는지, 가끔 집밖으로 나오면 한참을 햇빛 때문에 눈부셔 하고, 어지러워하곤 했다. 그가 지은 집의 오른쪽으로 가파른 계단이 있었고, 그 계단은 학교 후문으로 올라가는 지름길이기도 했다. 그는 지나다니는 학생들에게 습관적으로 백 원이나 오백 원씩을 빌리곤 했다. 혐오스런 모습으로 손을 벌린 채 다가오기 때문에 여학생들은 이 길을 피해 다녔다.

어느 날 그는 허름한 양복을 입고, 어디론가 급하게 전화를 하고 있었다. 목소리와 얼굴에 생기가 넘쳐 보였다. 처음으로 눈빛에 초점도 있어 보였다. 그는 누군가와 약속을 정하는 듯했다. 차림새나 하는 행동을 보아 어느 곳에 면접을 보러 가는 것 같았다. 취업을 준비하고 있는 사내의 활기찬 모습을 보면서, 삶의 마지막 희망은 누구에게나 있는 것이구나 하는 생각이 들었다.

그러나 며칠이 지난 후 그는 더 초라한 모습으로 돌아와 있었다. 빌려 입은 양복도 갖다 주고 다시 검게 그을린 모습으로 돌아와 있었다. 이상하게 나는 겁이 덜컥 났다. 사내의 절벽이 더 높고 가파르게 보였다. 앞으로 사내의 삶이 더 불행해질 것 같은 불길한 예감이 들기도 했다.

그의 집엔 수도가 설치되어 있지 않았다. 화장실은 지나가는 하수도관을 깨서, 거기다 볼일을 보고 있었다. 거적으로 가린 화장실은 가끔 들춰져 있기도 했고, 그가 그 안에서 대변을 볼 때 손으로 거적을 조금 열어 밖을 내다보기도 했다. 시커먼 얼굴이 어두컴컴한 화장실 안에서 눈을 깜박거리면, 흰자위가 불을 켠 것처럼 뚜렷하게 보였다. 마치 동굴 안에서 어떤 사나운 짐승 한 마리가 이쪽을 노려보는 듯 섬뜩하기도 하고, 또 매우 불쾌한 기분이 들기도 했다.

그에게도 친구가 있었다. 그 친구는 고물장수였다. 가끔 리어카에 폐지나 녹슨 철근 또는 고장난 냉장고 같은 것들을 싣고 지나가다가 계단 위에서 계단 밑에 사는 그를 불렀다. 또 어떤 날은 고물장수 친구와 경사가 있는 길 한복판에 돗자리를 깔고 술을 마시기도 했다. 그는 친구와 주먹으로 쪼갠 수박 조각을 안주 삼아 소주를 마시며 지나가는 학생들에게 담배를 얻어 피웠다. 그는 돈을 한 번 빌렸던 학생이건 아직 빌리지 않은 학생이건 가리지 않고 손을 내밀었다. 그의 이빨은 아래에 두 개만 남아 있었으며 그마저도 시커멓게 썩어가고 있었다.

그의 집은 한여름에 모기로 들끓었다. 축대 틈엔 풀이 자라고 길가의 갈라진 시멘트에선 강아지풀과 같은 일년생 수풀이 무성하게 자라날 무렵, 모기는 수풀과 그의 화장실인 하수도에 떼로 몰려 살고 있는 듯 보였다. 피가 부족하고 영양결핍이 심할 것 같은 그런 사람도 모기들은 그냥 두질 않았다. 어느 날 지나가다보니 풀숲이 태워져 있었다. 그의 집 창문은 어디서 주워온 듯 보이는 모기장이 걸쳐져 있었다. 풀숲이 태워진 걸로 보아 모기에 견디다 못한 그가 풀숲을 모기의 근거지로 추정하고 숲에 불을 지른 것 같았다. 동네에서 난리가 났다. 동네 주민들은 경찰에 신고를 했다. 드디어 저 거지가 미쳤다고, 옆집에 불이라도 옮겨 붙으면 어쩌려고 저렇게 불을 질러대느냐고…… 그는 한참 동안 조사를 받고 풀려났다.

그는 늘 잠을 많이 잤다. 그는 제대로 먹지도 못했고, 제대로 씻지도 못했다. 그의 여름과 겨울은 매우 불편했다. 겨울이 되면 그는 집밖으로 나오는 법이 좀체 없었다. 학생들은 아마 그 거지가 얼어 죽었을지도 모른다고, 그래서 이 길로 지나다니기가 무섭다고 했다. 경찰에 신고를 해서 죽었는지 살았는지 확인해봐야 하는 거 아니냐고 했다. 나는 창문 바깥에 둘러진 비닐에 입김으로 만든 성에가 끼어 있는 걸로 보아 아직 그가 방 안에 살아 있고, 숨 쉬고 있을 거라고 추측했다.

그는 철저히 버려져 있었다. 일 년에 한두 번 오던 여동생도 언제부터인가 오지 않았다. 아무도 그의 생활을 돌보지 않았다. 그는 절벽 밑에 추락해 있는 깨진 물건이었다. 그가 의지할 것이라곤 수박보다 더 큰 울퉁불퉁한 돌덩이들뿐이었다. 그것만이 그에게 등을 대주었다.

학교를 졸업하고 십수 년이 흐르고 나서 그곳을 지나게 되었다. 세차게 소나기가 내리던 날이었다. 마음속으로 그 집이 계속 있고, 그가 계속 그 집에서 살고 있어주기를 바랐다. 아니 그가 살아 있어 주기를 바랐다. 다시 나한테 돈을 달라고 하기를 바랐다. 그러나 그 사내의 집은 내 머릿속에서 불길하게 떠오르던 예상대로 철거되어 있었다.

철거된 축대엔 그가 살았던 집의 흔적이 있었다. 오랫동안 판자와 돌이 눌러 붙어 있던 집의 형체가 테두리로 표시되어 있었다. 그는 축대에 아무것도 덧대지 않고 집을 지었다. 그의 방 한쪽 면이었을 그 부위에, 합판을 대거나 벽지를 바른 흔적이 없었다. 사내는 울퉁불퉁한 돌덩이에 무엇을 대고 싶어도 댈 수가 없었을 것이다. 나는 그가 굶어 죽었든지 아니면 영양 부족으로 질병에 감염되어 죽었고, 그러고 나서 구청에서 그 집을 철거했을 거란 생각이 들었다.

그는 절벽 밑에서 살다간 사람이었다. 아무런 희망을 가지지 못한 사람이었다. 그는 절벽 밑에서 사기그릇처럼 깨진 채 버려진 사람이었다. 어쩌면 나는 사내의 모습을 통해 추락해가는 인간의 모습과 내 삶의 맨 밑바닥 모습을 지켜보고 있었는지도 모른다.

내리는 비가 축대의 돌 사이로 흘러내리고 있었다. 여

름 장마 때 축대를 타고 내려오는 비에 그와 그의 집은 지금처럼 저렇게 젖어갔을 것이다. 축대를 타고 그의 방 안으로 스며들었을 그 물이 흘러와 내 발에 닿았다. 나는 발길을 돌려 가게에 가서 소주 한 병을 사서 그 집터에 부어주었다.

사람들은 그 자리를 축대라고 부르지만 난 절벽이라고 생각한다.

그 사내와 그 집이 환영처럼 비 오는 골목길에 지금도 서 있다.
골목에서 사내는 내게 무언가를 내놓으라고 한다.
내가 태어나기도 전에, 자신에게 빌려간 그 무엇을 되돌려 달라며 다가오고 있다.

연탄

 재영이는 연탄집 둘째 아들이었다. 연탄집은 가게도 겸하고 있었다. 연탄 가게는 가겟집에서 삼십 미터 정도 떨어진 곳에 있었다. 재영이 어머니가 가겟집을 운영하고, 재영이 아버지는 연탄집을 관리했다. 재영이와 놀다보면 재영이 어머니가 재영이를 불렀다. 그런 날은 연탄 배달이 있는 날이었다.

 재영이는 재호라는 형과 아버지 이렇게 셋이 연탄을 날랐다. 연탄으로 수입을 삼는 것은 막노동일과 다름이 없다. 연탄 회사에서 큰 연탄차가 오면 그 연탄을 날라다 가게에 차곡차곡 쌓는다. 그런 다음 어느 가정집에서 주문이 오면 연탄 배달을 시작한다. 우선 연탄 가게에서 리어카로 연탄을 옮겨 싣는다. 연탄 가게 벽은 세워진 연탄의 검은 자국이 대나무처럼 또는 사람 뼈마디처럼 층을 이루고 있었다.

재영이나 재호는 앞장서서 리어카를 끌었다. 뒤에서 리어카를 밀고 있는 재영이 얼굴에는 이미 시커먼 연탄 자국이 묻어 있었고, 옷은 연탄 검정으로 뒤범벅되어 있었다. 재영이는 놀고 있는 우리를 보면 상당히 무안해했고 부끄러워했다. 먼발치에서 보고 있는 우리에겐 곧 올 테니 계속 놀고 있으라는 눈짓도 했다.

보통 가정집에서는 연탄을 백 장 내지 이백 장 정도 주문했다. 집의 위치에 따라 연탄값 팔십 원은 팔십오 원이 되기도 했다. 연탄 백 장 팔천 원어치를 배달하면 한 장당 연탄값 오십 원을 제하면 삼천 원의 배달비가 남는 것이다. 노동의 대가치고는 당시에도 형편없는 품삯이었다.

나도 한때 아이스크림을 준다는 말에 연탄 배달을 도와주었다. 검정을 묻히지 않기 위해 아무리 애를 써도 연탄 배달이 끝나면 온몸엔 검은 연탄 가루가 달라붙었다. 연탄 주문이 많을 때는 연탄을 중간의 한곳에 쌓아두고 배달을 했다. 연탄은 집게로 배달하지 않고 손으로 들어 배달한다. 적게는 두 장, 많게는 여섯 장까지 두 손바닥으로 받쳐서 배달한다.

연탄 배달은 단순히 사람 숫자와의 싸움이다. 리어카에서 주문한 집의 광까지 얼마나 많은 사람이 연탄을 들고 가느냐의 싸움이다. 인원이 많으면 그만큼 적게 움직일 수 있다. 한 사람은 광에 머물며 밀어 넣어준 연탄을 정리하면 되는 것이다. 인원이 적으면 각자 광에 들어가서 쌓다 보니 삐뚤삐뚤 배치를 잘못해서 평소 백 장을 쌓을 수 있는 광도 팔십 장만 들어가면 공간이 나오지 않게 되어 자칫 주인이 짜증을 낼 수 있다. 연탄 백 장이 꼭 맞는 광에 엉망으로 팔십 장을 들여놓고 이십 장을 도로 가져갈 수도 없는 노릇 아닌가.

이렇다보니 연탄을 배달하는 일에 그나마 익숙한 재영이는 꼭 필요한 존재였다. 그런데 어느 날부터 재영이는 연탄 배달이 하기 싫어 도망을 다녔다. 숨어서 아버지와 형 재호가 연탄을 배달하는 모습을 지켜보기도 했다. 연탄 배달을 하지 않고 도망간 날 저녁 재영이는 아버지한테 매를 맞았다.

연탄배달을 하지 않으면서 재영이는 삐뚤어져갔다. 돈을 훔치고 싸움질에 담배도 피기 시작했다. 반면에 재호 형은 야간공업고등학교를 다니고 있었다. 공부를 잘한다고 재영이 어머니가 우리 엄마에게 늘 자랑을 했었다. 재영이는 연탄 때문에 도망을 다녔고, 삐뚤어지다가 결국 학교도 그만두게 되었다. 검은 모자를 쓰지 않아도 되었고, 검은 교복도 더 이상 입지 않아도 되었다.

  그 후로 이십여 년이 흘러 성인이 된 재영이를 우연히 길에서 보게 되었다. 소문에 결혼도 하지 않았고, 군대도 다녀오지 않았다고 했다. 직장도 거처도 없이 떠돌며 노숙을 하는지 재영이 얼굴은 과거 연탄 배달을 했을 때 못지않게 검게 타들어가 있었다.

그리움

비 오는 화요일 출근길
차가운 초겨울 비에
장미꽃의 안부가 궁금했습니다.

대문을 열고 나오자마자
성북교회 담장에 피어 있던 장미꽃을 살펴보았습니다.

바깥을 둘러싼 장미꽃
꽃잎이 벌어져 있었습니다.

장미꽃은 밤새도록 내리는 비를

우산도 없이 알몸으로 고스란히 맞고 있었습니다.

전동차가 서울역을 지나 동굴 밖으로 나왔지만
계속해서 비는 내리고
하늘은 여전히 어두웠습니다.

장미꽃은 어쩌면 이번 고비를 넘기지 못할 거란 생각을
하였습니다.

전동차가 남영역에 서고
비둘기들이 아침부터 모이를 쪼고 있었습니다.

다리를 저는 비둘기 한 마리가 눈에 띄었습니다.

그 비둘기는
푸덕이며 날개를 펼쳤다 접어야 다른 비둘기들처럼
모이에 다가갈 수 있었습니다.

그 날개를 펼치는 모습과 장미 꽃송이들의 벌어진 모습이
내 머릿속에 겹쳐 지나갔습니다.

남영역엔 전동차가 지나는 옆에 기찻길이 있습니다.

난 전동차가 아니라 기차를 타고 있다는 생각을 가끔 합니다.
회사에 가는 것이 아니라 어디론가 여행을 가고 있다는 생각을 합니다.

비둘기와 장미꽃처럼
서로 펼칠 수 있는 꽃잎은 달라도

전동차와 기찻길처럼
가고 있는 곳은 전혀 달라도

그녀와 내가
가고자 하는 목적지는

꽃 이파리가 벌어지지 않는

장미꽃이 만발한
그곳일 거란 생각을 하였습니다.

제4부

왜 저한테만 이렇게 많이 주시는 겁니까

크리스마스에 받은 선물

어젯밤에 성규라는 아이가 카톡으로 크리스마스 인사를 보내왔다. 성규는 불우한 환경에서 청소년기를 보낸 아이였다. 세상에 대한 복수심과 분노가 가득 차 있던 학생이었다. 생활보호 대상이었는지 어떤 것인지 종류는 모르겠으나 정부에서 주는 장학금을 받고 있었는데, B학점 이상이 유지되지 못하면 학교를 다닐 수 없는 상태에 있었던 모양이었다. 불우한 환경을 극복해보겠다고 악착같이 모든 과목을 외운다고 외워서 간신히 대학에 들어왔으며, 매 학기마다 아슬아슬하게 장학금을 보조받아 학교를 다니고 있던 학생이었다. 그런 중에 나를 만나게 되었다. 〈현대문학의 이해〉 교양필수 3학점 과목이었다.

매시간 실기 위주의 합평과 글쓰기 과제물이 주어지고 있었다. 고교 때 불우하게 살아 문화적 경험이 전혀 없는(과거 내 모습 같은) 성규에게는 큰 위기가 온 것이다. B학점은커녕 C학점도 장담할 수 없는 과목이 되어버렸고 3학점이나 되다보니, 이 과목에서 C학점 이하를 맞으면 휴학을 하던지, 학교를 그만두던지 해야 할, 바둑으로 비유하면 축몰이에 걸려버린 것이다. 나는 두 번의 수업 진행에 이미 학생들의 수준을 파악했으며, 학점이 나갈 석차까지 눈에 들어오기 시작했다.

성규의 수업 이해도는 매우 낮았고, 지금까지 어디에서 발표를 한 번도 안 해본 아이처럼 모든 게 서툴고 우둔했다. 이대로 간다면 성규의 C학점도 내가 아량을 베풀어야만 받을 수 있는 학점이었다. 나를 쳐다보는 뭔지 모를 안타까운 눈빛, 아! 저 학생은 무슨 사정이 있나보다, 하면서도 왜 저 학생은 과제물 발표가 저리 서툴고 또 발표 내용은 모두 다 부정적일까? 하는 생각을 하고 있었다.

문학 수업이다 보니, 공부만 하지 않았다. 가끔 수업을 학교 인근 술집에서 진행하기도 했다. 술값은 내가 냈고, 학생들은 좋아서 난리가 났다. 이때 성규와 잠시 이야기를 나누게 되었는데, 자기가 제대로 된 학점을 받지 못하면 학교를 계속 다닐 수 없는 사정이 있다는 고민을 털어

났다. 난 매우 차갑게 말했다. "다른 학생들은 그런 사정이 없겠니? 그럴수록 네가 더 열심히 노력하면 되지 않을까? 못한다는 생각 가지고 이런 말 하지 말고 열심히 하려고 노력해봐. 그리고 내가 수업 시간에도 얘기했듯이 네 상처를 감추려 하지 말고 너를 완전히 드러내는 글을 써봐. 그게 너의 부정적인 생각에서 벗어나는 데도 도움이 될 거야"라고 냉정하게 말해주었다.

학기가 끝나고 기말고사 대신 과제물을 받았다. 예상대로 수업 시간에 잘하는 아이들이 과제물 내용도 좋았다. 당연히 높은 학점을 주었다. 성규의 과제물(시나 산문)은 문학적으로 아름답게 잘 쓴 글은 아니었지만, 나는 큰 충격을 받지 않을 수 없었다. 성규의 글에 의하면, 성규의 엄마는 아픈 다리를 끌고 여대 전철역 입구에서 하루 종일 김밥을 팔고 있다고 했다. 추위와 더위를 견디며 그 김밥을 자정까지 팔고 집에 가면 다시 다음날 팔 김밥을 새벽까지 말기 시작하는데, 아버지란 자가 새벽에 고주망태가 되어 들어와 그때부터 엄마가 싸는 김밥을 발로 밟고 엄마를 때리기 시작한다는 것이다. 그래서 성규는 아버지를 죽이고 싶고, 죽이려고 자기가 지금 몰래 아령과 역기를 들고 있다고 했다. 또 학교에 짝사랑하는 여학생이 있어서 고민하다가 편지를 써서 주었는데, 그 여학생이 비웃으며 그 편지를 모든 학생들에게 공개했던 일…… 등등. 나는 가장 진솔하게 쓴 이 글을 읽고 눈물이 핑 돌면서, 내가 성규가 되어버렸다.

성규는 그 학기 내 수업에서 최고 점수를 받았다. 혹시 내 감정이 상대평가에서 다른 학생들에게 피해를 줄 수 있을지도 모르니, 교수 재량 범위에서 줄 수 있는 학점을 주었다. A+ 99점, 16학점인가를 수강하고 있던 성규가 3학점 과목에서 거의 만점을 받았으니, 그 학기에 평균 B학점 밑으로 내려갈 일은 없었을 것이다.

성규는 지금 많이 밝아졌다. 힘도 세져서 아르바이트로 생활비를 벌며, 김밥 파는 엄마도 창피해하지 않고 엄마 일이 끝나면 김밥을 담은 대야를 자기가 들고 온다고 한다. 그리고 아버지의 폭력도 말릴 줄 아는 어른이 되어 있었다. 그런 성규가 크리스마스가 되니까 갑자기 내 생각이 났는지, 카톡으로 크리스마스 안부 인사를 보내왔다. 올해 나한테는 최고의 크리스마스 선물이 된 것 같다. 수업 시간에 누구와 말도 잘 안 하던 아이였는데, 카톡을 보내며 밝아지고 여유 있는 성규의 모습을 보니, 나도 이제야 안심이 된다.

주운 돈 삼백 원

 오래간만에 돈을 주웠다. 길거리에서 돈을 주워본 게 정말 얼마만인가. 버스를 타려고 서 있는데 백 원짜리 동전 세 개가 반짝거리고 있었다. 떨어진 동전을 사람들은 보지 못하고 있었다. 나는 주변을 둘러보고 얼른 동전 세 개를 주워 주머니에 넣었다.
 누가 허겁지겁 버스를 타면서 주머니에서 교통카드를 빼다가 흘린 것 같았다. 내 경험상 버스정류장 주변에 잔돈이나 토큰이 떨어져 있다면, 주위에 돈이 또 있을 확률이 높은 법이다. 동전이 누군가의 호주머니에서 빠져나오려면, 급하게 버스를 타다가 주머니가 통째로 뒤집어져야만 가능한 일이다. 때문에 버스를 급하게 탄 누군가의 주머니에 있던 동전은 버스정류장 바닥에 다 뿌려져 있기 마련이다. 나는 사냥개처럼 샅샅이 훑으며 혹시 굴러갔을까 싶어 차가 다니는 차도나 배수구 근처까지 살펴보았지만, 더 이상 동전을 발견하지는 못했다.

나는 상상했다. 누군가가 삼백 원만 흘린 걸로 보아 주머니에 잔돈이 삼백 원밖에 없었었던 사람이었을 것이다. 우리 동네 자장면이 삼천오백 원이고, 담배 한 갑에 이천오백 원인데, 잔돈 삼백 원이 거스름돈으로 주머니에 남아 있으려면, 그 삼백 원은 주머니에서 꽤 오랫동안 잔돈으로 남겨져 있었을 것이다. 버스를 타고 다니면서 주머니에 잔돈 삼백 원이 오래 남아 있던 걸로 보아 생활 형편이 그리 넉넉하지는 않은 사람이었을 것이고, 이 늦은 시간에 버스를 탄 것으로 보아, '이 사람이 술이 많이 취한 사람은 아니었구나' 하는 생각이 들었다.

술 취하지 않고 돈을 흘릴 수 있다는 건 성격이 급한 남자일 테고, 이 시간에 술도 취하지 않았으면서, 돈을 흘릴 정도로 버스를 급하게 탔을 사람이라면, 혹시 집에 누가 아파서 서둘러 집에 가야 했던 사람은 아니었을까? 하는 상상을 해보며…… 호주머니 안의 삼백 원을 만지작거려 보는데, 삼백 원이 밤송이처럼 따갑다.

스탠드바

 난생처음, 스탠드바라는 곳에 갔다. 외로운 사람들과 곧 외로워질 사람들 십여 명이 모여 있었다. 여자는 두어 명, 대부분이 남자였다. 정장을 입은 남자들은 없고 점퍼 차림의 남자들이 대부분이어서, 이곳이 지방 도시 중에서도 서울에서 가장 멀리 떨어진 지방이고, 공장이 많은 도시라는 것을 새삼 알게 해주었다.

 뚱뚱한 그래서 사람들이 평소에 좋아하지 않았을 여자가 무대 중앙에서 노래를 하고 있었다. 어둠 속에서 남자들의 시선은 무대를 향하고 있었다. 여자는 〈있을 때 잘해〉라는 노래를 부르고 있었다. 무엇이 그리 통쾌한지 여자의 표정은 행복에 겨워 어쩔 줄을 몰라 했다. 어쩌면 여자는 난생처음 저렇게 많은 남자들의 시선을 한몸에 받았는지도 모른다.

　레이저 불빛이 남자들의 눈을 대신해 나이 많고 뚱뚱하고 못생긴 여자의 전신을 훑어댔다. 술에 취해서, 외로워서 혼자 온 사내들 눈에도 그 여자는 별로였는지 좀처럼 무대 앞으로 나가는 남자가 없었다. 맥주를 마시다가 일부 사내들은 건질 게 없다는 표정으로 하나둘 스탠드바를 나갔다.

　우리는 출장중이고 달리 갈 곳이 없었음으로 계속해서 술을 마셨다. 여자는 깔깔거리며 웃다가 간혹 집적거리며 추근대는 술 취한 남자들의 어떤 제의를 일언지하에 거절하고 있었다. 그러면서도 이상야릇한 시선을 우리 쪽에 던지고 있었다.

　그녀는 무척 통쾌해하고 기뻐하고 있었다. 술 취해서 벌게진 눈에 득의에 가득 찬 자신감이 담겨져 있었다. 환상의 밤이, 너무나 짧은 밤이 스탠드바 안에서 새벽으로 숨가쁘게 가고 있었다.

똥에 대한 생각

내 친구의 이름은 정웅이었다. 그는 내 친구였지만 우리들보다 두 살 혹은 세 살이 많았다. 정웅이는 친구들에게 있어 언제나 수군거림의 대상이었다. 그 이유는 단지 하나, 정웅이 아버지가 똥 푸는 일을 직업으로 삼고 있었기 때문이다. 그땐 요즘처럼 똥차에서 나온 호스를 정화조에 들이대고 꿈틀꿈틀 빨아들이는 것이 아니었다. 나무막대기에 이어붙인 바가지를 변소 안에 넣고 똥과 오줌이 잘 섞이도록 휘휘 저은 다음 나무통 두 개에 퍼 담은 후, 기다란 작대기 끝에 나무통들을 꿰어 어깨에 지고 날랐다. 그럴 때면 삐걱삐걱 위태로운 소리가 났다. 옛날 북청 물장수가 물지게에 물을 져 날랐듯이 그렇게…….

똥 푸는 날이면 좀 넓은 길에 똥차가 서 있었고, 나이는 좀 들었지만 마르고 강단이 있어 보이는 대여섯 명의 사내들이 저마다 골목길에서 불쑥불쑥 앞뒤로 똥통을 앞세운 외지게를 지고 튀어나오기 일쑤였다. 똥차 위에선 한 사람이 대기하고 있다가 똥통을 받아서 똥이 가득 찬 차에 들이붓고 똥통을 다시 건네주었다.

집집마다 크기에 따라 다 다른 똥통을 가지고 있지만, 대체로 왕복 십여 번 내외면 똥을 푸는 일은 끝이 났다. 똥통엔 신문지와 허연색으로 발효된 무엇이 섞여 있기도 했고, 앞다투어 파리가 되고 싶어 하는 구더기들이 들끓기도 했다. 똥을 다 푼 사내들은 오르내리는 계단 위에 조금씩 흘린 똥물을 흙으로 덮어주기도 하고, 한두 바가지 물로 간단하게 변소 청소를 해주기도 했다.

똥을 푸는 날이면 난 미리 멀리 가 있다가 똥 푸는 일이 다 끝나고 나서야 집에 들어오곤 했다. 그래도 그날 이후 며칠간은 똥냄새가 집 안에 진동했다. 정웅이의 아버지가 우리 동네에서 똥을 폈던 건 아니지만, 친구들은 정웅이 몸에서 똥냄새가 나는 것 같다고 수군거렸다. 정웅이 어머니 역시 동네 아주머니들의 비아냥거림의 대상이 되었다. 똥 푸는 사람과 어떻게 살 맞대고 같이 사냐고, 참 용하다고……

어젯밤 변소에 가득 담긴 똥 꿈을 꾸었다. 복권을 사야 하는 아주 좋은 꿈이다. 이제 나이가 들고 조금 철이 들고 나니 똥에 대한 생각과 그분들에 대한 편견이 많이 바뀌었다. 자기가 눈 똥을 치워주고 있는데 코를 막고 인상을 찌푸리며 돌아서던 똥통의 주인들과 남의 똥을 치워주며 보람을 찾던 정웅이 아버지…….

진짜 똥은 사람의 엉덩이 안에 든 것이 아니라
사람의 머릿속에 있다는 생각을 해본다.

신성한 것은
맛있는 음식을 받아먹고
쓸데없이 혀를 놀려 종종 화를 입는 입이 아니라
같은 몸에 있고서도
죽는 날까지 말 한마디 하지 않고 더러움을 견디는 똥구멍이 아닐까
하는 생각을 해본다.

땡큐! 미국

난 아직 해외에 한 번도 가본 적이 없다. 결코 돈이 없어 못 간 것이 아니다. 이상하게 갈 기회가 없어서 가질 못했다. 남동생도 관광차 일본 간다고 전화 왔는데…….

가장 멀리 가본 곳은 제주도, 신혼여행가서 잘 도착했다고 제주도에서 강원도까지 전화 통화를 했었다.

돈 많이 나오니까 빨리 끊으라는 엄마 목소리를 듣고 정말 신기했다. 그렇게 멀리 떨어져 있는데 생생하게 목소리를 들을 수 있다는 게…….

그러니까 제주도에서 강원도까지가 내게는 최대 여행 거리이며 최대 전화 통화 거리였었던 것이다.

그런데 어제 신기록이 수립되었다. 고등학교 친구와 전화 통화를 한 것이다. 친구가 쪽지로 전화번호를 물어보더니 전화를 하겠다고 하는 것이다. 그녀는 미국 미시간에 살고 있다고 했다. 미시간이라면 영어 회화책에서 책 제목으로나 본 것이었는데…….

그녀가 바로 전화를 걸어왔다. 가슴이 벌렁거렸다. 현기증처럼 또는 아득한 절벽처럼 머릿속에서 아지랑이가 피어올랐다.

전화를 타고 미국의 문화와 생활 습관과 날씨가 전해져 오는 듯 낯선 환경과 풍경이 머릿속을 어지럽혔다. 이런 것이 문화적 충격인가? 하는 생각이 들었다.

미국 본토에서 아주 먼 길을 타고 오는 목소리를 더 생생하게 듣기 위해 귓속으로 그녀의 미국 목소리를 바로 집어넣지 않고 되새김질하듯 귓바퀴에서 두어 바퀴 돌리며 낯선 미국 공기와 문화를 음미했다.

그녀는 새해 복 많이 받으라는 말과 함께 동창생들에 관해 몇 가지를 물어보았다. 그러나 나에겐 그런 말들보다는 비싼 전화비 걱정이 앞섰다. 내 말은 점점 더 빨라지고, 더듬거리고 있었다.

내 말이 갑자기 빨라지자 그녀는 나에게 지금 바쁘냐고 물어보았다. 전화비 때문에 그렇다는 말을 하고 싶었으나 그런 말을 하는 것도 전화비에 부담이 될 것 같다는 생각이 번개처럼 머릿속을 다녀갔다.

소영아! 고마워
네 덕에 처음으로 받아본 미국 전화
난 아직도 가슴이 벌렁거린다.

땡큐! 미국

왜 저한테만 이렇게 많이 주시는 겁니까

집 주위에 아파트가 지어지고, 길이 확장되었다. 이러다보니 길거리에 주택은 사라지고 음식점들이 생겨났다. 우리나라 길거리는 음식점들의 박람회장이다. 다른 나라도 이렇게 많을지는 모르지만, 시내 중심가든 변두리든 길가에 음식점이 연달아 붙어 있다. 한 집 건너 돼지고기집이고 호프집이고 횟집이다. 우리 동네도 예외가 아니다.

그중에서 내가 가끔 들르는 곱창집이 있다. 그 곱창집은 길거리에 철판을 내놓고 곱창을 볶아댄다. 조미료 향에 기름을 둘러 볶아내는 그 곱창집에서 풍겨 나오는 냄새는 길 가는 사람들의 발걸음을 붙잡곤 했다. 특히나 저녁때 허기진 상태에서 그 길을 지나다보면 소주 한잔에 곱창을 먹고 싶다는 생각이 굴뚝같이 들었다.

　그 곱창집은 찻길에 플라스틱 임시 의자를 두고 손님을 받았다. 그 자리는 늘 사람이 앉아 있었다. 오며 가며 그 냄새를 맡은 우리 집 식구들은 그 곱창을 사오라고 독촉했다. 나는 그 집에서 곱창을 여러 번 샀다. 곱창집에 들어가 앉아 먹는 것과 주문을 해서 집으로 가져가는 것은 곱창의 양에 큰 차이가 있었다. 철판 위에서 지글거리며 볶아지는 곱창의 양이 삼 인분이라면 포장해서 가는 손님들의 양은 형편없이 적었다. 담아주면 곧 사라질 손님이라 그런 것 같았다.

　사실 포장으로 사가는 손님에게 곱창 한 점이라도 더 싸주는 게 옳은 것이다. 그 손님에겐 물도 주지 않아도 되고, 여러 가지 기본 음식을 주지 않아도 되는, 그야말로 꿩 먹고 알 먹는 손님이기 때문이다. 주인이 손님을 상대하는 시간으로 봐도 그렇다. 어쨌든 포장 손님의 곱창의 양은 월등히 적었다. 나는 늘 그것에 불만을 가지고 있었지만, 싸주는 대로 그냥 가져왔다.

　곱창집 주인은 자주 사가는 내 얼굴을 기억하고 있었다. 그녀는 포장을 하면서 언제나 내 눈치를 살폈다. 아주 짧은 시간이지만 나는 그것을 느끼며 몹시 기분이 나빴다. 곱창을 덜 담으며 내가 어떤 표정을 짓는지 내 안색을 살

피는 것이다. 더 담아도 성에 안 차는데 도리어 적게 담아주니 속이 매우 불쾌해서 몇 번이고 두 번 다시 그 집에 가지 않겠다고 다짐을 했다. 하지만 집에서는 계속해서 그 집 곱창을 사오라고 했다.

그날도 "곱창 일 인분 포장해주세요"라고 하고 기다리고 있었다. 철판 위에는 먼저 주문한 곱창 일 인분이 볶아지고 있었고, 아주머니는 그 위에 곱창 일 인분 정도를 더 올린 다음, 섞어서 볶아대기 시작했다. 곱창이 다 볶아지고 일 인분을 덜어 포장에 담는데, 철판 위의 곱창을 반으로 가르는가 싶더니, 또 곱창의 일부를 다른 쪽으로 밀어내기 시작했다. 지금까지 산 곱창의 양 중에서 제일 적다 싶었다. 곱창을 담는 그 순간 주인아주머니의 눈꼬리가 올라가며 다시 내 눈치를 살폈다.

곱창을 담은 검은 비닐을 들고 계산을 하며 "아주머니 늘 제가 올 때마다 곱창 양을 항상 많이 주셔서 감사합니다"라고 했다. 그러자 아주머니가 매우 당황한 빛으로 날 쳐다보았다. 아주머니 마음속에서도 곱창 일 인분의 양이 얼마인지 잘 알고 있으면서, 조금씩 덜 담아준 자신의 양심을 속일 수는 없었을 테니까. 그녀는 날 보고 어색한 웃음을 지었다. 곱창 봉지를 흔들며 걸어가는 내 뒷모습을 한참 쳐다보고 있었다.

그러고 나서 며칠 후 다시 곱창집에 가서 곱창 일 인분을 주문했다. 아주머니는 거의 이 인분에 가까운 곱창을 볶아서 담아주었다. 비록 우리는 배배 꼬인 곱창을 먹으면서도, 마음만은 곱창처럼 비좁고 구불구불거리지 않는 삶을 살아야 한다고 믿어왔는데, 내 굽어진 마음을 펴니, 곱창의 길이가 더 길어졌다. 그 곱창집이 지금은 단골이 되었다. 언제나 내가 가면 곱창을 많이 준다. 그리고 이제는 진짜로 "아주머니 왜 저한테만 이렇게 많이 주세요?" 하고 인사를 한다.

리어카에 실려온 바다

내가 7살 때였다. 리어카에 바다 그림을 싣고 다니는 사람이 있었다. 그는 사진사이기도 했다. 그가 가져온 그림에는 바다가 있고, 별장이 있고, 갈매기가 날고, 파도치는 기슭이 있었다. 리어카에 올라가 사진을 찍으면 영락없이 바다 별장으로 휴가 와서 찍은 사진으로 나왔다. 그는 사진 찍으라며, 리어카를 끌고 동네를 돌아다녔다. 사진 찍는 데 이백 원이었다. 이백 원 안에 사진 현상비가 포함되어 있었다. 사진사는 여러 샘플 사진들을 보여주었다. 사진사의 권유에 망설이던 엄마는 큰맘을 먹었는지 결국 오십 원을 깎아 사진을 찍기로 했다. 우리는 집에 들어가서 그나마 깨끗한 옷으로 갈아입고 나왔다. 누나는 소품 꽃을 든 채 해맑은 미소로 일어서 있었고, 나는 의자에 앉아 책을 펼친 모습이었고, 여동생은 꼬마 자동차에 앉아 있는 콘셉트로 사진을 찍었다.

일주일 후 리어카 사진사가 사진을 가지고 왔다. 어설퍼 보였던 갈매기가 살아 움직이는 듯 바다를 날고 있었다. 파도치는 바다의 별장에서 더없이 행복하고 부유해 보이는 삼 남매의 사진이 헐벗고 누추한 앨범 사진들 사이에 뜬금없이 끼워졌다.

옛날 사진을 들춰보던 딸이 "아빠! 어릴 적 가난했다더니 바닷가에도 놀러갔었네. 잘 살았네"라고 한다.

목련꽃

동네 목련나무에서
목련이 후덕하게 피어났다.

목련을 보면
꽃을 보고 있다는 느낌보다
꼭 어떤 여인을 보고 있다는 느낌이 든다.

우윳빛 복스러운 얼굴에 푸근한 마음씨를 가진 여인이
풍만한 가슴과 다산의, 성숙한 여인이

오늘 출근길에

여고생이 학교에 가는 걸 보았는데
물오른 복매운탕집 딸아이였다.

앳되고 통통한 목련꽃 한 송이가
책가방 메고

눈부신 햇살 속으로 달려나가고 있었다.

이렇게
봄은 왔지만
봄을 느끼지 못하고 사는 사람들도 많을 것이다.

피 흐른 자리가 굳은 전쟁 난민의 종아리와
목마른 군인들의 현기증

그리고
우리 집 건넌방에

기침을 하면
숨이 차고 옆구리가 아프다고
하루 종일 누워계신 우리 아버지

토끼처럼 새빨개진
아버지의 눈 속에서도

목련꽃 한 덩이
하염없이 녹아내리고 있을까

아름다운 봄 하나가
쉬지 않고 가고 있는데……

도선사에서

　도선사에 갔습니다. 버스를 타고 109번 종점에서 내렸습니다. 내린천을 따라 맑은 물이 내려오고 있었습니다. 맑은 물을 보면 스님들의 투명한 말씀 같아 보입니다.

　물은 계속해서 밑으로 내려오고, 난 도선사까지 걸어올라 갔습니다. 밤의 도선사엔 사람이 많지 않았습니다. 약수를 받아 마시며 내 졸시 「약수를 받으며」를 생각해보았습니다.

　도선사엔 커다란 미륵불이 있습니다. 그 미륵은 바위에 새겨진 미륵입니다. 그래서 더 영험하다고 합니다. 연등

이 지붕을 이루며 빼곡히 매달려 있었습니다. 그 밑을 지나 미륵불에게 갔습니다.

사람들이 삼배를 하고 있었습니다. 바닥은 차가웠습니다. 돗자리를 깔고 사람들은 삼배를 하고 있었습니다. 그러나 난 맨바닥에 손을 짚고 삼배를 해야 했습니다.

미륵이 차가운 바위에 등을 기대고 있는데, 1년 내내 눈비를 맞고 있는데, 도저히 돗자리를 깔 수 없었습니다. 도선사 밖에 쪼그리고 앉아 자판기 커피 한 잔을 들고 담배를 꺼내 물었습니다. 그리고 사람과 세상에 대해 생각해보았습니다. 인간과 부처, 미륵에 대해 생각해보았습니다. 돗자리와 방석에 대해 생각해보았습니다.

약수를 받으며

약수를 받는다
물통 두 개와
더 이상 약이 듣지 않는 아이의
소아마비를 들고 와

예불이 끝난 대웅전 옆
아이처럼 쪼그려 앉아
한밤에 약수를 받는다

다섯 살 아직 펴지 못한 관절까지
산의 무게만 한 압력으로 세차게
차오르길 기다리며
넘쳐흐르는 약수통을
닫지 못한다

새벽 법당
누군가 불을 켠다

어둠 속에서 나무들이
일어서고 있다

경복궁에서

하루 휴가를 내고 경복궁에 갔습니다. 가는 날이 장날이라 하필 쉬는 날이었습니다. 그래도 마침 민속박물관이 문을 열었기에 거길 들어갔습니다. 구석기시대부터 조선시대까지 칠천 년을 넘나들면서 사람이 쓰던 물건들이 전시되어 있었습니다. 잠시 사람과 인류 그리고 생명에 대해 생각해보았습니다.

이 세상에 처음 생명체가 생긴 일들을 상상해보다가, 우주가 처음 생길 무렵을 상상해보다가 앞으로의 미래를 상상해보기도 하였습니다. 백 년도 못 사는 내가 그렇게 거창한 생각을 하고 있으니 참 우습더군요. 집에서 반찬 투

정으로 가끔 삐치기도 하는 내가 말이죠.

　눈에 띄는 미니어처가 있었습니다. 백 년 전의 경복궁 주변의 모습을, 조선총독부가 생기기 전과 그 이후를, 작은 모형으로 비교할 수 있게 전시해두었습니다. 대궐 문 앞에 양반가의 아흔아홉 칸짜리 집들이 품계석처럼 줄지어 있었고, 그 뒤로 작은 기와집과 초가집들이 있었습니다.
　어떤 할아버지가 오셔서 육십 년 전의 일들을 회상하시며, 이곳저곳을 손으로 짚어가며 당신이 중학교 때 있었던 건물과 개천들을 설명해주어 더욱 실감났습니다.

　지하철을 타려고 안국역에 서 있는데,

　지하철 벽면 사진 안에서 금동반가사유상이 턱을 괴고
　무슨 생각을 깊이 하는지
　반쯤 눈을 감고 있었습니다.

화려한 휴가

친구들과 여름에 놀러가자고 골방에 모여 계획을 짰다. 계획은 일찍 짜야 빈틈이 없다고, 할 일이 좀 없었던 친구가 5월부터 짜고 또 짰다. 쌀은 누가 가져오고, 고추장은 누가 가져오고, 필수품인 화투와 녹음기, 담배, 술, 텐트, 코펠은 누가 있으니 누가 가져오고……. 내가 양파나 된장, 고추, 마늘은 왜 누가 가져올지 안 정하냐고 하니까 그런 건 거기 가서 가게에서 사는 게 싸고 또 그 근처 밭에서 그냥 따도 된다고 화를 버럭 냈다. 놀러 많이 가본 듯한 그 녀석의 위세에 눌려 나는 더 이상 아무 말도 하지 못하고 그 친구가 하자는 대로 따라야 했다.

각자 걷어야할 돈은 2박 3일 기준으로 일만 오천 원이었다. 지금으로 치면 각자 한 십~십오만 원의 돈을 마련해야 했다. 모두들 적지 않은 돈을 마련하느라 고생했다. 특히 나는 출발 전날까지 엄마를 졸라야 했다.

우린 계획대로 기차를 탔다. 녹음기에 넣을 건전지를 샀고, 휴지, 라면, 과자, 과일, 통조림 등등을 샀다. 청평 자갈밭에다 텐트를 치고, 첫날 점심은 식단표대로 카레 요리를 했다. 서로 얼굴을 보며 정말 맛있다고 오길 잘했다고 웃었다. 그런데 가자마자 술을 먹기 시작한 게 화근이었다. 고등학생들이 주량도 모르고 겁도 없이 소주 댓병의 마개를 열었다. 코펠에 막소주가 가득 부어졌다.

친구 놈은 수개월간 계획을 짰지만 거기에 술안주는 없었다. 최대한 비용을 아낀다고……. 반찬도 있고 과일도 있으니 크게 신경 쓰지 않은 듯했다. 그러나 더위에 물러진 수박과 참외는 누가 깎을 생각도 않은 채 텐트 구석에서 관심 밖으로 밀려나 있었다. 좀 전에 먹은 카레 묻은 코펠 설거지도 아무도 하지 않았다.

만취한 우리들은 모두 눈이 벌게진 채 술에 취해 잠이 들었다. 저녁밥을 해야 할 녀석이 제 몸도 가누지 못하고 계속 토를 했다. 우리가 잠에서 깬 것은 새벽 1시쯤이었다. 누가 텐트를 흔들어댔고, 플래시 불빛이 밖에서 텐트 안을 비추고 있었다. 나가보니 텐트 치는 비용 삼천 원을 내라는 것이었다. 동네 양아치인 듯 보였지만, 합법적이라는 듯 팔에 완장을 차고 있었다. 예정에 없던 비용이었다. 내일도 또 내야 할 돈이었다. 예산이 부족해 일정이 전면 수정되어야 할 판이었다.

사춘기 청소년들이 꿈꾸던 화려한 휴가는 사정없이 망가져갔다. 더부룩한 속처럼 심하게 뒤틀려졌다. 하루를 넘기지 못하고 시작부터 꼬이고 있었다. 다음날 아침부터 싸움이 시작되었다. 서로 아침밥을 하지 않으려 했고, 설거지도 하려 하지 않았다. 당번이 정해져 있었으나, 누구는 어제 점심때 설거지를 안 했고, 또 누구는 저녁밥을 안 했고, 나는 저녁 설거지를 하지 않았다. "인마, 밥을 먹어야지 설거지를 하지"라고 해봤자 싸움만 커질 뿐이었다.

할 수 없이 화투를 꺼내서 밥과 설거지하기를 걸고 고스톱을 치기 시작했다. 100점 먼저 나면 끝나는 게임이었다. 어제 점심 이후 아무것도 먹지 못한 채 쓰린 배를 부여잡고 화투를 치다보니 다시 점심 끼니가 지나가고 있었다. 점수를 너무 높이 잡은 것이다. 쓰리고에 피박이 있으므로 백 점이 금방 날 줄 알았는데, 그땐 요즘처럼 조커나 쌍피 제도가 많이 발달해 있지 않았으므로 나가리 판이 3판 중 1판 꼴로 생겼다.

문득 쳐다보니 앞의 친구들 몰골이 말이 아니었다. 굶

고, 취하고, 토하고, 씻지 못하고, 고스톱을 치고 있는 그 모습은 누가 보면 적선이라도 해줘야 할 거지들의 모습이었다.

그해 이후로 난 십여 년간 친구들과 휴가를 가지 않았다.

새로 산 운동화

지난 일요일 아내와 아이들을 데리고 동네 백화점에
갔다.
어디서 전화만 오면 서로 받겠다고 들고 싸우는 통에
전화기는 패대기쳐지기 일쑤였는데……
언젠가부터 전화기에선 사람 목소리보다 가래 끓는 소
리가
더 많이 나기 시작했다. 그래서 전화기를 사러 간 거다.

아내가 전화기를 고르는 동안
난 신형 컴퓨터를 둘러보았다.

난 마른 침을 꿀꺽꿀꺽 삼키며, 홀린 듯이 쳐다보고 있었다.
요즘 내 컴퓨터에서 암탉이 알 품는 소리가 난다.
한참 작업하면서 그 소리를 듣다보면, 머리가 지끈거린다.

아내가 전화기를 사고 내 운동화를 사러가자고 한다.
난 낡은 운동화를 지금 5년째 신고 있었다.

아식스 매장에 들렸다가, 디자인이 맘에 들지 않아서 프로스펙스 매장에 들렀다.
요즘 신발은 무슨 우주선 캡슐 모양으로 미끈미끈하게 나와 있었다.
그리고 나이키와 아디다스 매장
신발 가격이 8만 원에서 30만 원이 넘는 것도 있었다.
난 처음으로 내 발을 저주했다.

30만 원이면 노란 병아리 600마리를 살 수 있고
30만 원이면 양복 한 벌 값이고
우리 한 달 부식비에 가까운 금액인데
그걸 어떻게 신고 다니라는 건지.

결국, 어제 우리 동네 재래시장에 들렀다.
거긴 아데다스, 아씩스, 프로스페샬, 나이스 등등
유명 메이커와 매우 흡사한 신발들이 있었다.
가격을 물어보니, 2만 5천 원……

난 너무 놀라 게거품을 물며 눈자위를 까뒤집는 시늉을 했다.
너무 비싸서……
주인아저씨는 웃으면서 2천 원을 깎아주었다.
그것도 아주 쉽게……

신발을 신고 오면서
아데다스에 담긴 나는 양해기일까 양횎이일까?
혹시 나도 가짜가 아닐까를 생각해보았다.

이 도서의 국립중앙도서관 출판예정도서목록(CIP)은 서지정보유통지원시스템 홈페이지
(http://seoji.nl.go.kr)와 국가자료공동목록시스템(http://www.nl.go.kr/kolisnet)에서 이용하
실 수 있습니다.(CIP제어번호: CIP2015012821)

꿈꾸는 밥솥
ⓒ 양해기

초판 1쇄 인쇄	2015년 5월 8일
초판 1쇄 발행	2015년 5월 15일
지은이	양해기
펴낸이	고영
책임편집	이현호
디자인	박소연
펴낸곳	다이얼로그
출판등록	제311-2013-000066호
주소	서울시 은평구 연서로11길 7-5 401호
편집실	서울시 마포구 마포대로 127, 413호 (공덕동, 풍림VIP빌딩)
전화	02-852-1977
팩스	02-852-1978
블로그	http://blog.naver.com/mhjd2003
전자우편	sbpoem@hanmail.net
ISBN	979-11-955327-0-4 03810

* 양측의 서면 동의 없는 무단 전재 및 복제를 금합니다.
* 잘못 만들어진 책은 바꿔드립니다.
* 이 책의 판권은 지은이와 다이얼로그에 있습니다.